知的生きかた文庫

マッキンゼーで叩き込まれた「問い」の力

大嶋祥誉

三笠書房

「大切なのは質問をやめないことだ」

――アルバート・アインシュタイン

あなたにとって、今、
本当に大事なことは何ですか？

なぜ、それを大事だと
思うのですか？

きっと、今、皆さんは**自分で自分に「問い」をはじめている**のではないでしょうか？

今、あなたの頭の中で起こっている変化。

それこそが本書でお伝えする**「問い」の力**です。

今、自分にとって本当に大事なことって何？

今とりかかっている仕事で、一番大事なことは何？


毎日、目の前の仕事をこなすばかりで、この本のページをめくる前まで、考えもしなかった……。

そんな方もいるのではないでしょうか？


しかし、「問い」のスイッチが入ることで、あなたは**「今、自分に本当に大事なこと」を探しはじめました**。


忙しい日常の中では、どうしても目の前のやるべきことに追われます。

本質的なことや、自分にとって本当に大事なことほど、つい後回しになりがちです。

そのままでは、頑張っているのにこれでいいのか、このまま進めていいのかと「もやもや」が消えません。

仕事でも人生でも、今の状況を抜け出したいときは、**「問い」を使うことによって、状況を変えることができます。**

人間は1日に2万～3万回の思考をすると言われます。

大事なこと、そうでもないこと、ポジティブなこと、ネガティブなこと……様々な思考が渦巻き、そのために、迷ったり、悩んだり、正しくない方向に進んでいくこともあるかもしれません。

そうならないためには、あるべき方向に思考をフォーカスする必要があります。

そのために使うのが「問い」です。「問い」を立てれば、脳はその方向に向けて考えはじめます。

「問い」をコントロールすることで、思考もコントロールできるのです。

「問い」こそが、うまくいかない仕事を劇的に進めます。

「問い」こそが、世の中を新しくして、自分の生き方を変えていきます。

私がマッキンゼー時代に培った、そんな「問いの技術」をこれから皆さんに実感してもらいたいと思います。

◉はじめに

困ったとき、大変なときほど「問い」が状況を変える力になる

こんな「もやもや」を感じたことはありませんか？

・やることが多くて常に仕事に追われている
・周囲を見ながら、いつも焦っている
・仕事がなかなか片づかない
・優先順位がつけられない
・モチベーションが湧いてこない
・部下や仕事相手が思い通りに動いてくれない
・人とのコミュニケーションで悩むことが多い
・自分のやってることが評価されない
・アイデアが出てこない

・自分が本当にやりたいことができていない
・人生の大きな選択で選ぶことができない……ｅｔｃ．

もし、皆さんが今、こんな状況に陥ってしまっていたとしても**「問い」によって、もやもやを晴らすことができる**のです。

なぜ、そんなふうに言いきれるの？　と不思議に思われるかもしれません。

私はマッキンゼー時代はもちろん、マッキンゼーを卒業してからもコーチングやコンサルティングの仕事を通して、様々なプロジェクトやそこにかかわる人たちの「問題解決」のお手伝いをしてきました。

新市場に打って出る商品のターゲットや販売戦略を策定したり、組織が停滞している要因を探り当ててモチベーションを取り戻したり、ときには結婚すべきかどうかというような人生の問題にアドバイスをすることもありました。

このように書くと、いかにも私が、相手が抱えている問題の「答え」を出してきたように聞こえますが、そうではありません。

私が問題解決の現場でやってきたのは、一言でいえば「問うこと」です。

「それは本当に大事なことですか？」
「なぜ大事だと思うのですか？」
「大事にすることで何が生まれますか？」

こんなふうに「問い」をすることで、整理できずにどうしていいかわからなくなった「もやもや」を解消し、自分たちがやりたいことや、進むべき方向を明らかにするわけです。

すごくシンプルだと思いませんか？
大変なことに対処したり、新たなチャレンジをするために状況を整理しなくてはいけないと思うと、物事が複雑に見えて重たい気分になりがちですが、実際はそうではありません。

状況に応じたシンプルな「問い」を立てるだけで、霧が晴れるように視界が開ける。

そんな瞬間を私も何度も見てきましたし、自分でも体験してきました。

これは決して経験論的な話ではなく、私たちの脳の機能から考えても理に適っていることです。

脳の基本的な働きの一つに、問いかけをすると答えを出そうとする性質があります。

つまり、私たちの脳には、「空白を埋めようとする」機能があるわけです。

空白とは、「わからないこと」です。

この空白が生まれると、脳は不安になるため、無意識で答えを探し続けます。

あなたも、すっかり忘れていた昔の曲の名前や映画俳優の名前を、ある日突然思い出したりしたことがあると思います。

実は、あなたが起きている間も寝ている間も、あなたの脳（無意識）は、一生懸命に答えを探し続けています。

そしてその答えを思い出したとき、とても気持ちよくなります。なぜなら「脳の空白」が埋まると、大きな安堵感、多幸感が得られるからです。

だから、何かを問いかければ、自動的に脳は動きはじめるのです。「問いスイッチ」をオンにしてあげるだけで、脳は複雑な処理を自動的に行って、私たちが腹落ちするような答えを出してくれる。つまり、**問いによって、仕事にも人生にも大きな差が出る**、ということです。

本書は、皆さんにそんな「問い」の仕組みと力を実感してもらい、仕事や人生の「もやもや」を解消するために書きました。

「問い」はとてもパワフルなツールです。**自分の思考や行動をクリアにして、私たちの夢を叶える原動力になったり、問題の解決策を引き出したり、新しいアイデアを生み出したり、私たちの人生とビジネスの質を劇的に上げる力を持っています。**

また、いい問いは、良い雰囲気の場をつくり、良いコミュニケーションを生み出し、人を勇気づけます。その結果、**良い人間関係や親しみや信頼感を構築します。**

それでは早速、人生に差がつく「問い」の講義に入っていきましょう。

第2章 良い「問い」とは何か？

第3章 仕事の悩みは「問い」で解決する

第4章 他人と自分を動かす「問い」の伝え方

第5章 「問い」の力で人生の質を高めよう

編集協力 ふみぐら社

第1章

なぜ、優れたコンサルタントは「問い」を大切にするのか？

「質問する力」こそが
人生やビジネスにとって
最大の武器になる

大前研一

すごい結果を出せる秘密は「問い」にあった

「私に世界を救うための時間が1時間だけ与えられたとしたら、最初の55分を何が問題かを発見するために費やし、残りの5分でその問題を解決するだろう」――。

これは、あのアルバート・アインシュタイン博士が語ったとされる言葉。世紀の天才と呼ばれる人も、いかに「問うこと」を重視していたかがわかります。

このアインシュタイン博士の言葉は、問題を取り扱うときの深い洞察を私たちに見せてくれています。それは、**大事な問題であればあるほど、問題そのものに取りかかる前に「何が本当の問題なのか?」を問うべき**ということです。

アインシュタイン博士は、「光の速度よりも速く動ける物質はない」といった法則で有名な「特殊相対性理論」に取り組んだときも、「光は波である」といった当時の常識的な「前提」にとらわれず、物理法則を根源から問い直したことで世界の常識を変えました。

このアイデアは、ある日、朝日を見ながら「この光の速さを超えることはできないのか?」という問いから発想がはじまり、そして生み出されたものだと聞いたことがあります。

優秀とされる人は、ほぼ例外なくアインシュタイン博士のように「何が真の問題か?」「本当に重要なことは何か?」という問いを持って様々な物事と向き合っています。それも、物事の核心に迫る、筋のいい問いであることも共通しています。

インターネット通販のアマゾンの創設者であるジェフ・ベゾス氏も然《しか》りで、問いを大切にしていました。現場で問題が起きると、「なぜ?」を繰り返して真の問題は何かを深掘りしていたそうです。たとえば、物流センターで問題が起きたときも、自らホワイトボードを使って「なぜ問題が起きたのか?」を繰り返し考え、問いを使って、問題を的確に把握していたそうです。

「問い」を持つことの大切さは、私たちにとっても同じです。

なぜ、問いを持つことが大切なのかと言えば、**筋のいい問いができるかどうかで仕事や人生に大きな差がつく**からです。

そんな大げさな、と思うかもしれません。

ですが「問い」をまったく持たないまま過ごしていると、本当はやらなくてもいいことに時間をとられたり、周りに振り回されたり、頑張っているのに結果が出なくて、いつももやもやとした気持ちを抱えたまま、納得感の薄い毎日を送ることになってしまいます。

ところが、筋のいい問いを投げかけられると、私たちは自然にその問いに答えようと考えはじめます。

よって「自分が大事にすべきことは?」「本当にそうなのか?」と、いつも問いを立てて生きている人は、常に、仕事の目標や本来の自分を見失わずにいることができ、結果的に成果も出せるので、本人の納得度も周囲の評価も高くなるのです。

数々の革新的な製品を生んだアップル創業者スティーブ・ジョブズ氏もまた、「問い」を大事にした人の一人です。彼が2005年に残したスタンフォード大学卒業式でのスピーチにも、根源的で本質的な「問い」があります。

ジョブズ氏は毎朝、鏡に映る自分にこんな問いをしたと言います。

「もし今日が最後の日だとしても、今からやろうとしていたことをするだろうか？」

「『違う』という答えが何日も続くようなら、ちょっと生き方を見直せということだ」

あなたはどうでしょうか？　今日が人生最後の日だとしても、今からやろうとしていたことをするでしょうか？　この問いにイエスであれば、あなたは悔いのない毎日を過ごしていると言えるでしょう。しかしノーであれば、悔いが残るかもしれないということです。

ジョブズ氏の「問い」は、毎日に違和感があっても、それを日々ごまかしながら過ごしている自分がいるかもしれないと気づくこと、そして、問うことで、いつも本当に大切にしたいことを見失わずにいられる、ということを教えてくれています。

――問うことで「脳」が動く

私たち人間は基本的に現状を維持しようとする生き物です。どうなるかわからない新しいことよりも、今までずっと経験してきたことを好みます。

なぜなら、新しいことにはリスクがあるからです。はるか大昔の私たちのご先祖も、新しい木の実やキノコを食べるときには「これを食べて本当に大丈夫なのか？」という問いを立てていたかもしれません。

そこから学習したことを人類は長年かけて「知識」としてストックし、今の私たちの安全な暮らしがあるわけです。もし、そのストックがなく、毎回、食べ物や飲み物を前にして「これを口に入れても危なくないかな？」と、疑いながら生きていくとしたら大変です。

そのため、脳は新しくてリスクのあるものを避け、すでにあるものを「当たり前」に選択しようとします。それはそれで人間のすばらしい能力なのですが、当たり前に慣れてしまうと、それ以上の新しいものを見つけようとする働きが弱まってしまいます。

ここから言えることは、**今の私たちは、すでにある知識や常識、当たり前と思っていることがあまりにも多いため、新たに「問う」ことが難しい**ということです。

「当たり前」と思っていることをそのまま受け入れていると、なんの変化を起こすこともなく、面白い発想や新しいアイデアを生み出すことはできません。

たとえば、今やどこのコンビニにも置いてある大塚製薬の「ポカリスエット」ですが、当初は常識を覆すようなアイデアだったことはご存じでしょうか？　実はポカリスエットは、「点滴液を飲み物にできないだろうか？」という問いから生まれたものなのです。

開発者がメキシコに出張したとき、水事情が悪く入院したことがあったそうです。医者から「体内の水分と栄養分が失われているから、これを飲みなさい」と炭酸水を渡されたのだそうですが、その際、「こんなときに、栄養も一緒に補給できる飲み物はできないか」という問いがひらめいたそうです。

そして、この問いから生まれたのがポカリスエットでした。

この提案は当初、チームに驚きをもって受け止められたようですが、その後、定番商品になったのは、皆さんもご存じの通りです。

「飲み物」×「点滴のような水分・栄養補給方法」という新たな切り口から生み出されたポカリスエットは、「点滴液とは血管から注射針で入れるもの」という「当たり前」にチャレンジしなければ生まれなかった製品とも言えます。

私たちは「当たり前」と思っていることについては、新たに問うことをしません。しかし、それでは脳は動きません。当たり前と思ってスルーするのではなく、

①「当たり前」に対して健全な疑いを持って

②「問う」ことで脳を動かしていく

ことを意識してほしいのです。すると新たな発想も生まれますし、隠れていた核心も見つかります。問いによって自分を変えることだってできるのです。

マッキンゼー時代に叩き込まれた「問い」思考

「問い」ができる人とできない人では、仕事における成長ぶりにも大きな差がついてきます。といっても、私もマッキンゼーに入社したばかりのときは、そんな問いの重要さをまだきちんと理解できていませんでした。

私が「問い」の力に気づかされたのは入社1年目の新人時代。当時のマネージャーからのリクエストで、ある自動車メーカーの市場動向調査を頼まれたときのことです。期限は2週間。すでに成長が横ばいになり、成熟産業と呼ばれるようになった自動車市場で、そのメーカーが販売を伸ばすためにどのような成長戦略をとるべきか？それを描くための基礎資料を作成するというのがリクエスト内容でした。

リクエスト内容を織り込んだ「ファクトパック」と呼ばれる、事実に基づいたリサーチ資料を作成するのですが、入社1年目の私にとっては、何をどこまでやればいいのかがわかりません。

自動車市場を調べると一口に言っても、市場全体の規模からはじまり、該当自動車メーカーの強みや弱み、競合の状況、顧客の意識など、様々なデータがあります。しかし、2週間で市場の動向を網羅するには時間が限られています。

一体何をしたらいいの？　ちょっと焦りもあった私は、まずは、どんな販売戦略にすべきかを明確にするために、必要となる市場の規模、成長度合い、顧客の状況などの市場動向を自分なりにブレークダウンしたリストアップ表を持って、マネージャーと打ち合わせをしたのです。なぜ販売戦略を明確にしようと思ったのかと言えば、自動車市場が縮小する中で、いかに売っていくかは重要な問題だろうと考えたからです。

そのリストアップ表を見せながら、「販売戦略を明確にするためにこんな内容で市場の動向を調べようと思うのですが……」とマネージャーに相談をしました。

すると、マネージャーからは、こんな言葉が――。

「大嶋さん、これじゃ自動車白書と変わらないよね。本当に販売戦略が真の問題なのかな？　**そもそも自動車メーカーが直面している重要な課題とは何か、**自分なりに考えてよ。まず、問題を構造化して真の問題は何かを明確にし、**そしてクライアントがどうなったらいいのか？　販売戦略が本当にイシュー（重要な課題）になるのか？**　そんな意識を持って資料をつくってくれないかな」

えっ、真の問題って？　問題の構造化？　イシュー？

私は自分の考えていた「問題解決」が、どうやら見当違いだったことに気づかされました。それどころか、そもそも「問題解決」とは何をすることかすら、わかっていなかったことに愕然《がくぜん》としました。

実は、マネージャーが私に問いかけたことは、すべて問題解決の基本プロセス、基本原則、言い換えれば仕事の原理原則だったのです。

自分がいくらこれが問題だと思っていても、クライアントにとって本当にプラスになるものでなければ意味がありません。

私たちは、つい目の前のわかりやすい事象をつかまえて、そこを何とかしようと考えてしまいがちです。自動車販売が低下しているなら、販売戦略を見直すべきだと考えるわけです。

しかし、自動車販売の低下の原因がその自動車そのものの商品力がないからだとしたら、販売戦略を見直してもムダになります。マネージャーが教えてくれたのは**「クライアントにとって、そもそもどうなることがいいことなの？」という、より根源的で本質的なことを問いながら仕事をしなさい**ということでした。

「自動車メーカーの成長戦略をどうするか？」というお題に対し、そのための販売戦略につながる資料がポイントなのでは？　と思っていた私にはちょっと衝撃でした。

「クライアントにとって、どうなることがいいことなの？」というような、筋のいい問いができると、そこから思ってもみない突破口が開けます。この場合なら、自動車メーカーに対して自動車というハードだけでなく、自動車があることで広がる体験の豊かさなどソフト面の良さも打ち出していくといった提案もできるでしょう。

そうした発想は、ただ漠然と目の前のデータを見ていただけでは生まれてきません。

「どうなることがいいことなの？」というような問いをすることで突破口が開き、そこから他の人とは違った仕事が生まれるのです。その積み重ねができるかできないかによって皆さんの成果や成長も大きく違ってくるのです。

「問い」があなたにしてくれること

では「問い」を心がけることで、何が変わるのでしょうか？　「問い」の力は、大きく分けて6つあります。

①バラバラの情報をひとまとめにする ➡ 情報が整理でき、仕事で悩むことが減る
②物事の核心がつかめ、時短につながる ➡ 仕事の無駄が減る
③異なる物事をつなげて発想を広げる ➡ アイデアが出やすくなる
④状況を変える ➡ 硬直した状況、行き詰まった思考に突破口が開かれる
⑤人間関係がうまくいく ➡ 「説得」ではなく「質問」型で伝えると、相手は自ら動いてくれる
⑥自分を変える ➡ 本当に自分が大切にしたいこと、やりたいことが腹に落ちるの

で、すぐ動けるようになる

順に説明していきましょう。

①バラバラの情報がひとまとめになる

「問い」は、バラバラなものを一つにまとめる力を持っています。

たとえば、

「今日は、クライアントに提出する資料作成もあるし、午後からの社内打ち合わせの準備もあるし、上司から頼まれた書類のチェックもして、恋人の誕生日のプレゼントも買わなきゃいけない！」

と焦っていたとします。

やるべきことがバラバラにたくさんあると、ただただ焦ってしまいがちですよね。

そこで、「今すぐやらなければならないことは何か？」という問いを立てたとしたら、

「問い」で身につけられること

①バラバラの情報がひとまとめになる

➡ **仕事の悩みが減る**

②物事の核心がつかめ、時短につながる

➡ **仕事の無駄が減る**

③異なる物事がつながり、発想が広がる

➡ **アイデアが出やすくなる**

④状況が変わる

➡ **硬直した状況、行き詰まった思考に突破口が開かれる**

⑤感情に流されず、人間関係がうまくいく

➡ **相手が自ら動いてくれる**

⑥行動の優先順位がわかり、自分が変わる

➡ **本当に自分が大切にしたいことが腹に落ちるので、すぐ動けるようになる**

Point

いい質問ができる人＝優秀な人

1　午後からの社内打ち合わせ準備
2　クライアントに提出する資料作成
3　上司から頼まれた書類のチェック
4　すべてを早めに終わらせてプレゼントを買う

と、やるべきことが並びはじめます。こうすると、やらなければならないことがたくさんあることには変わりはないのに、不思議と一本の道が開けるような感じがしないでしょうか？

「問い」は仕事以外のことでも、バラバラな思考を整理してくれます。たとえば、仲間と休日にアウトドアで遊びたいというとき、

・サイクリング
・景色のいい公園でバーベキュー
・釣り
・アスレチック

で迷っていたとします。

そのとき、メンバーが多忙で疲れ気味なので「あまり体力の負担にならないものは

38

何か？」という問いを立てると「景色のいい公園でバーベキュー」という方向性がすぐに見えてきます。

「問い」は、そのままだとどうしていいか悩んでしまう情報をシンプルにまとめるのに、とても役に立つのです。

② 物事の核心がつかめ、時短につながる

急いで終わらせなきゃと思って一生懸命仕事をしていたのに、もっと急ぎでやるべきことがあった！　これが必要だと思って情報を集めていたのに、あまり必要なものではなかった……。

仕事をしていて、そんなふうに「無駄」があると、モチベーションが下がってしまいます。しかし、物事に取りかかる前に「問い」があれば、仕事の無駄をなくすことができるのです。

先ほどお伝えしたように「問い」はバラバラのものを収束させる力を持っています。「あれもやらなきゃ、これもやらなきゃ」と動いていると、ただ疲れてしまいますが、

「今何をやるべきか?」という問いで、やることを一つ決め、間違っていたら別のことをやる、というふうに繰り返したほうがムダなく正解に近づけます。

たとえば、**「時短」**をしたいのであれば、

「今、自分が集中すべきものは何か?」

「本当に必要な仕事は何か?」

「それは重要なことなのか?」

と問いを立て、大事な仕事を明確にすると同時に、

「それをやらないと本当に問題が起こるか?」

という問いで不要な仕事を見つけます。

この二つの問いで、仕事はずいぶん整理されると思います。

なお、仕事が遅い原因の一つには、あれこれ悩んでしまって動けない、ということもあります。たくさんの仕事があって何から手をつけていいのかわからない、選択肢がたくさんあって選べない——と悩む人にはぜひ使っていただきたいと思います。

③ 異なる物事がつながり、発想が広がる

人は何も制限がない「自由」な状況だと、発想が出てこないと言われています。

真っ白な紙を渡されて

「何でもいいから、自由に30代向けの新商品の新しいアイデアを出して」

と言われたらどうでしょう。ほとんどの人は「……?」と頭が働かなくなり、何も出てこないのではないでしょうか。

けれども、

「30代がお金を使いそうなものは何だろう?」

というような枠のある問いを立てると「今の30代って何にお金をかけるんだろう?」と、脳が働きはじめて発想が出やすくなるような気がしませんか? すぐアイデアが出なくても、ネットで調べてみて「最近は物よりも、レジャーや自分のためになる自己投資といったことにお金が使われているみたいだ」ということがわかれば、発想が出てくるかもしれません。

私たちは、おもしろいことにまったくの自由な状態よりも、**ある程度の「枠」があったほうが、むしろ発想が豊かになります**。

枠のある問いは、発想の「切り口」や「方向性」を与えます。斬新な切り口で視点をしぼり込むことができれば、新しい発想に向けて思考が動き出します。しかも、その方向は無限にあります。問いは、無限の可能性の扉を開くと言っても言いすぎではないと思います。

さらに問いは、先ほどのポカリスエットの話のように、異なる物事同士をくっつけて発想を生む力を持っています。たとえば、日本コカ・コーラの「い・ろ・は・す」も他の物事と掛け算して生まれたものなのです。

それは、「ミネラルウォーターとエコをつなげられないか?」という発想です。

「い・ろ・は・す」は、すでにミネラルウォーターの市場が飽和状態にあった頃に生まれた商品です。当時エコロジーの意識が高まっていましたが、まだ日常で自然とエコロジーを意識した商品は多くありませんでした。そこで、水を買うことで、エコにつながる「い・ろ・は・す」は、3年で20億本を売る巨大ブランドとなりました。問いで「水」×「エコ」という新たな掛け算をすることによって、レッドオーシャンであったミネラルウォーター市場に、競合のまったくいないブルーオーシャンを生み出したのです。

今は多くのものがある時代です。その中で「新しさ」とは、**ゼロから世の中にないものを生み出すことではなく、異なるアイデアを掛け合わせることで生み出されるアイデア**です。

今後、問いを通して、異なるアイデアの掛け算を考え出すことが、ますます重要になってくると思います。

④状況が変わる

たとえば、想定外のとんでもないことが起きたとしましょう。

そのときに、多くの人は「何でこんなことになったんだろう?」「誰が悪いんだ?」「この状態がいつまで続くんだ?」というような問いをします。

これは、「犯人探し」をする行動です。つまり、「こうだからこうなった」「この人がこうしたからだ」と「悪者」を見つけようとしたり、「あとどれくらい我慢しないといけないんだ？」と、状況に対して受け身でネガティブな判断を下そうとしているわけです。

もちろん、そうした行動がすべて悪いわけではないのですが、そこからはあまりポジティブな要素が見えてきません。

同じような状況に直面したときでも「できる人」、つまり「いい問い」を立てられる人はこんな問いをします。

「これを何かチャンスにできないか？」
「どうしたら、この状況から前に進める？」
「これから学べることは何か？」
「これにはどんな意味がある？」

どうでしょう。同じ「問い」でも、ポジティブな思考になれて、前に進む力が湧いてくるような気がしませんか？

一見、厳しいと思えるような状況であったとしても、他責思考ではなく自律的に考え、適切な問いを立てることができれば、いつだって可能性は広がり、「良い答え」を見つけることができるのです。

こんなふうに「いい問い」をすることは、皆さんが抱えている状況や直面している問題、もっと言えば身の回りの環境を良い方向に変える力になります。

私が今まで出会ってきた優秀なコンサルタントやリーダーに共通することは、「いい問い」によって周りをインスパイアし、新しいアイデアを生み出す媒体となって成果を生み出しているということです。

私は、周囲にプラスの影響を与えられるような人が「できる人」だと思います。そう考えると、**「できる人」とは、言い換えれば「いい問い」を立てられる人でもある**のです。

もっと言えば、「良い答え」は私たちの中にあります。ただ、普段はそれが「思い込み」「ネガティブな感情」といった、いろんなもやもやに隠れて見えていないだけなのです。

問いによって、そのもやもやが晴らされれば、内なる答えが出てきます。自分を良い方向に引っ張ってくれる答えは「問い」によって引き出されるのを待っていると言ってもいいでしょう。

⑤感情に流されず、人間関係がうまくいく

心理学者のアルフレッド・アドラーは、「私たちの悩みの9割が人間関係によるもの」と言っています。よって、その9割が解決すれば、仕事も人生ももっとスムーズになるでしょう。

問いで、人間関係の悩みもラクに解決することができます。

たとえば、誰かに理不尽なことを言われたとします。普通なら「何これ、ムカつく！」と、こちらも感情的になるところです。しかし、**「問い」を持ち歩いていると、自分の反応も意識的に選択できるようになります。**

たいていの場合、相手に怒られると「何だと！」と攻撃的になるか「自分のせいだ」と悲観的になるか、どちらかの態度を反射的にとってしまっています。

しかし、理不尽なことに我慢するのも、攻撃をし返すのも自分の価値を下げてしまうことに変わりはありません。そうではなく、状況に対して**「この場で何が起こっているのだろう?」**という問いを立てる。すると状況を客観的にとらえることができるわけです。たとえば、相手は怒っているけれど、その根本にあるのは「自分のことをわかってほしい」というヘルプのサインかもしれない。もしくは、相手がこちらの意図しないところで「馬鹿にされた」と思い込んでいるのかもしれないということに思い当たるわけです。

そうすれば、今この場に必要なのは反論することではなく、まず相手の怒りを受け止めて、ガス抜きしてもらうことだなとわかります。相手が怒ってること自体は認めながらも、自分としては、状況をプラスに変えて反応を取捨選択できるのです。

また、問いで、相手の気持ちに気づくことができれば、「あなたを怒らせてしまったことは謝ります。けれど、あなたの言葉で私はこんなふうに傷ついたのも事実です」と、客観的な視点から伝えることもできます。

感情的に言われたことよりも、客観的に言われたことに対しては、相手も素直に受け入れやすいので、怒りが反省に変わることもよくあります。

仕事上で発生する面倒な問題のほとんどは、問題そのものよりも、そこにかかわる人と人のやりとりや感情が問題を複雑にしていることが多いものです。

だからこそ、**「問い」をいつも持ち歩いていると、仕事上の問題もこじれさせずに解決もしやすくなる**のだと知っておいてください。

⑥行動の優先順位がわかり、自分が変わる

自分への問いは自分自身も変える力があります。

たとえば、自分がどうにも前向きに動けないというとき、**「自分を止めているのは何か？」**と自問自答することで、その原因がわかり、さらに、「それは大事なことなのか？」**「それは本当に起こるのか？」**と問いをしていくと、案外どうでもよいことに自分がとらわれていたことに気づき、動けるようになることもあります。

連続的変化の時代だからこそ常に「問う」こと

ここで、ちょっと質問です。

今から3カ月前にメディアを最も賑わせていた事件を、皆さんは答えることができるでしょうか？

おそらく「？」という感じになると思います。いろんなことがあった気はするけれど「これだ！」と明確に言える人は少ないのではないかと思います。

それは決して記憶力の問題ではありません。

今の世の中はあまりにも情報量が多く、しかも変化のスピードが速いために多くのことが流れ去ってしまいます。すべてにおいてインパクトが昔ほど続かないのです。

世界との距離感も、20年前と今では時代が違うくらい変わっています。

たとえば、昔は海外に旅行したいなと思っても、飛行機のチケットや安全なルート、おいしい食事が気軽にできるお店などを調べるのは大変でした。『世界の歩き方』という紙ベースの分厚いガイド本がヒットしたのもうなづけます。

ネットがようやく使えるというぐらいの頃は、今のような海外格安航空券の比較サイトもほとんどなければ、現地情報のまとめサイトもなく、ましてその場で予約して決済までするのはほぼ不可能でした。

それが今では、パスポートやビザの問題さえなければ、夜に調べて予約して次の朝に海外に旅立つなんていうことも、当たり前のようにできてしまいます。

ここから何が言えるのかというと、**今、皆さんの周りにある前提が常にずっと正しいとは限らない**ということです。

たとえば、20年ほど前なら「お水を買うなんてもったいない」という方も多かったと思いますが、今は「水をペットボトルで買う」ことは、「当たり前」になりつつあります。「水は水道から出るもの」という前提が覆っているということです。

ちょっと前はこうだったけれど、本当にこの先もそれでいいのか。ペットボトル飲料も、今後は容器がもったいないということで、また新たな発展をするかもしれません。連続的変化が当たり前の時代だからこそ常に「問う」ことが重要になるのです。

常識のように思われていることでも「それは本当にこの先も正しいのか？」という問いをして、「本当はこんなこともできるのではないか？」「これをやめてこうしたほうがいいのではないか？」という仮説を立て、検証してみましょう。

そうすることで、もう差別化が難しいと思われているような成熟産業でも「この手があったのか！」と驚くような新しいアイデアを生むこともできます。

「検索」×「問い」で可能性を広げる

今はちょっとスマートフォンを触れば、すべてを読み込めないぐらいの量の情報が簡単に手に入ってしまいます。だからこそ「問い」を忘れると危険なのです。

なぜなら、スマートフォンでもパソコンでも検索をして1スクロールで飛び込んでくる情報しか見ない人がほとんどでしょう。そうした**限られた情報を「前提」にして、そこから行動を決めてしまうと、それ以上の可能性は生まれません。**

たとえば、今どきみんなスマートフォンで写真を撮るので、紙の写真アルバムなんて売れないという情報が検索の上位に出ていたとしましょう。この情報を前提にした多くの写真屋さんは「もう写真屋は流行らないから廃業しよう」と考えるでしょう。しかし、「本当にそうだろうか？」という視点に立って「みんなが、写真をアルバムで見たい場面は？」と、問いを立てた写真屋さんは、別の可能性を見つけられるかもしれません。

「誕生日や記念日には、かたちのあるものをプレゼントしたくなる。スマートフォンで撮った写真をネット上でフォトブックにして贈れるサービスはありかも！」

実際、こうしたサービスを提供している写真屋さんは今の時代も生き残っています。ネットの情報を見るだけで、それを当然のものとして受け入れてしまうと、もうそこから新しい可能性は生まれにくくなります。

みんながネットで同じような情報を見て、それ以上の「問い」をしなくなっているのも事実です。「こんな検索結果が出てきたけれど、もう少し違う角度で考えられないかな？　こんな検索ワードを入れてみよう」などと自分で考えれば、他の人と違う可能性が生まれます。つまり、「問い」を立てて検索し、出てきた情報に対して「それは本当かな？」「何が根拠で言っているのかな？」と自問自答して考えてみるのです。

同じような情報が多い時代だからこそ、「ネット検索」×「問い」をうまく使うことであなたの可能性も広がるのです。

「問い」がチャンスをもたらす

この章の最後に、私の経験を一つお話ししましょう。

マッキンゼーでの新人時代。上司から、あるクライアントのファイナンス（財務予測や企業価値評価）に関する仕事を与えられました。

実は、ファイナンスは、当時の私が最も苦手としていた分野の仕事です。「無理です。勘弁してください」と逃げたかったのですが、そのときある先輩がこう言いました。

「大嶋、すべてがチャンスなんだぞ」

「え？」という感じです。

苦手な仕事が一体なぜチャンスなのか。正直、意味がわかりません。先輩はさらにこう言ったのです。

「自分にとって得意な仕事がやってきたからチャンスになるんじゃない。**本当にできるやつは、苦手な仕事がまわってきたときに『これをどうしたらチャンスにできるだろうか？』と考えるんだ**」

思わず、ハッとしたのを覚えています。

このとき先輩が発してくれた「問い」によって、私の中で目の前の仕事に対する意識、大げさに言えば世界観がガラッと転換したからです。

今から考えれば、上司や先輩はこんなふうに思って、言ってくれたのかもしれません。

「得意なことならそれほど考えずにやるだろう。けれど苦手なことなら集中して取り組むしかない。その経験がこの先の成長につながる。だからチャンスなんだ」と。

実際、このとき私が苦手ながらもファイナンスの基礎を経験させてもらえたことは、その後マッキンゼーを卒業して独立した今でも、とても役立っています。

クライアントと経営の話をするときに財務の視点から考えるフレームワークをアド

バイスしたり、ファイナンスに関係するプロジェクトにもかかわらせていただくことができているからです。

私たちは、本意ではない仕事や出来事がやってくると、つい「嫌だ」「どうして？」とネガティブにとらえてしまいがちです。

けれども、そうした状況になったときこそ「これに意味があるとすれば何だろう？」「ここから何を学べるだろうか？」という問いをすることで、その場では思ってもみない先々のチャンスをたぐり寄せることができるのです。

第1章のPoint

筋のいい質問をすることで仕事や人生に差がつく

[問いの力]

1. 情報がひとまとめになる
2. 核心がつかめ、時短につながる
3. 異なる物事がつながり、発想が広がる
4. 思考に突破口が開かれ、状況が変わる
5. 感情に流されず、人間関係がうまくいく
6. 行動の優先順位がわかり、自分が変わる

[フレーズ]

● 常に持ち歩きたい「問い」

「何が本当に問題なのか?」

「本当に重要なことは何か?」

第2章 良い「問い」とは何か？

質の高い質問は、
質の高い人生を生み出す

アンソニー・ロビンズ

本質に迫る「問い」ができているか？

「問い」を使いこなせるようになると、仕事にも人生にも大きく差がつくことはイメージしてもらえたでしょうか？

では、そもそもどんな「問い」をすることが自分にプラスをもたらしてくれるのか。

問いなら何でもいいというわけではないのです。

たとえば——。

営業がうまくいっていない二人の人が、こんな「問い」をしたとしましょう。

Aさん「どうして結果を出せないんだろう。売り方が悪いのではないか？」

Bさん「どうして結果を出せないんだろう。そもそも、相手は何を望んでいるんだろう？」

それぞれの「問い」で結果が変わってくるのがわかるでしょうか？　Aさんのように「売り方が悪いのではないか？」と自問自答をすれば、今度は別の売り方を考えて試すのではないでしょうか。値引きをしたり、サービスをしたり、ありとあらゆる売り方を試すかもしれませんが、そもそも相手がサービスも値引きも望んでいない場合は、徒労に終わってしまいます。

では、Bさんが立てた後者の「そもそも、相手は何を望んでいるんだろう？」という問いだったらどうでしょう？　実は相手は商品に関心はあるが、上司の決裁をとるためには資料をつくる必要があり、その時間がとれない、と思っていたとします。もし、その話を聞くことができれば、その人に代わって資料をつくることで、受注ができるかもしれません。

この二つの問いは、根本的に何が違うのでしょうか。

そもそも営業は「相手に買ってもらうこと」「相手の望みを満たすこと」が仕事の目的です。「相手は何を望んでいるんだろう？」という質問は、より本質的な目的に近い「問い」であることがわかります。

重要なのは、「本質」に迫る問いです。

本質とは、物事の根本的な意味を知るということ。たとえば、問題を発見するときには**「何が本当の問題か？」**であったり、人間関係であれば、相手の**「本当の気持ち」**であったり、あるいは**物事への深い洞察や気づき**を指します。

これらは普段は自分たちの思い込みや前提といった「枠」によって見えないことが多いのですが、「問い」でその「枠」を外すことによって、見えてきます。

本質がつかめれば、問題を的確かつスピーディーに解決しやすくなり、成果も出やすくなります。したがって、はじめにどちらの「問い」を立てるかで、仕事のプロセスも、結果も、大きく変わってきます。

「問い」は世界の見え方を変える

常に問うことを大事にしていれば、どんな物事もそのまま流さずに「意識的に見る」ことができるようになります。

かのアイザック・ニュートンが、木から落ちるリンゴを見て発した、「月は落ちないのに、なぜリンゴは落ちるのだろう?」という問いから、万有引力の法則を着想したとされるのも(諸説はありますが)、物事を意識的に見ることを日頃から行っていたからではないでしょうか。ニュートンはリンゴが落ちるという現象を見て、なぜ落ちるのだろうと、目の前で起こっている現象の洞察を深める問いを立て、新しい世界のとらえ方を発見したわけです。

何も考えなければ私たちの周りの世界は「当たり前」に過ぎていくだけです。それが**「問い」を立ててみることで、大げさに言えば世界の見え方、成り立ちが変わって**

いくわけです。

身近な例で言えば「大変な仕事を依頼された」と感じたときも、そのまま何もしなければ「嫌だな」「大変だ」というネガティブな状況のままです。

しかし、そこで、**「何を大変と感じているのだろう？」**という問いを立ててみます。「うまくいっていないから大変だ」という答えが出てきたら、**「何をうまくいってないと思っているのだろう？」**と、さらに背景を探る問いをします。

うまくいっていないのは「評価」なのか「中身」なのか、それとも「やるべき量」なのか「時間不足」が問題なのかということを具体的にするのです。

そこで、もし「うまくいっていないと感じるのは時間が確保できないから」というのであれば、スケジュールを見渡して、他の用事をブロックし、その仕事だけに集中する時間を決めてしまうといった解決策をとることもできます。

不思議なもので、どんなに大変でも「時間が確保されている」とわかれば、大変さはかなり減少されるものです。問いによって、大変だなと感じていた状況の見方が変わり、解決策も見えてくるということです。

問いは「1行（ワンセンテンス）」

では、良い「問い」はどうやって立てればよいのでしょうか。

優れた問いには「型」があります。マッキンゼーのコンサルタントや、優秀なコーチは、皆この「型」を身につけています。

ここでは、どんな問いにも共通する「型」を紹介します。

それは、
①問いは1行
②自分の判断を入れない
③ポジティブにする
④視座を高くする
ということです。

第一にあげられるのは、問いは1行、ということです。問いは、「短く本質に迫るもの」でなくてはなりません。文章にしたときに、何行にもなるようなものは「問い」ではありません。

何行にもなる場合は、自分の考えの中で堂々巡りをしているか、自分の意見や主張を問いのかたちにしているだけで、実際は自分の考えを押しつけていることが多いものです。

たとえば、

「以前のプレゼンは資料が見づらいと言われたから、もっとコンパクトにしたほうがいいだろうか？　でも、売りの部分は詳しくしたいから、どこを削ったらいいだろう？」（堂々巡りの問い）

「だいたいいつも○○さんはこうでしょ？　だから、こういうことになるんじゃないのかな」（自分の意見を押しつける問い）

こんなふうに、結局何が「問い」なのかよくわからないものは、いつまでたっても結論が出なかったり、自分の意見や主張を相手に押しつけているだけ。それでは新たな思考が生まれたり、枠を打ち破ることができません。

私たちの脳は、**シンプルな「問い」であるほど、多くのシナプス（脳の神経細胞の結合部）が活発に動いて、思わぬ思考のジャンプを呼び起こす**性質を持っています。

たとえば先ほどの問いなら、

「そもそもプレゼン相手が知りたいことは何か？」

「〇〇さんは、どうしたらいいと思う？」

と言うほうがよっぽど脳が働きます。

思考のジャンプが起こると、それまで自分を無意識に縛ってきた「常識」や「こうあらねばならない」といった前提条件の枠が外れます。枠を外すというのも良い問いに共通するものです。**私たちの頭が堂々巡りを繰り返したり、いつまでたっても仕事がうまく進まないのは、「前提」や「固定化された視点」「思い込み」が邪魔をしていることが多い**のです。それを外してやれば、相手も自分も、より自由に考えを広げることができ、結果にも影響してくるのです。

そして、「問いは1行」の最も シンプルな例は、

「本当にこれでいいの？」

です。

目の前の仕事に追われているときでも、「本当にこれがお客様の望むことなのか？」と考えることで、余計なものを削り、よりシンプルに価値を提供できる方法が見つかるかもしれません。

だらだらと長い「問い」よりも**「本当はどうしたい？」というような短く本質に鋭く迫るような問い**をされるほうが、脳はハッとして、自分の中から本当に納得できるような答えが見つかるのです。

一番重要なことに焦点を当てる

とはいえ、気になることがたくさんあると、なかなかシンプルでハッとするような鋭い1行にはなりません。では、どうしたら「1行」にできるのでしょうか？　それ

はまず、「一番重要なことに焦点を当てる」ということです。

私たちの周りには雑多なことがあふれており、それらの影響を受けて、どうしても思考や行動が散らかってしまいがちです。だからこそ、一番重要なことを呼び覚ますような問いが必要です。

「1行（ワンセンテンス）の問い」であれば、否が応でも大事なことに焦点が当たります。何が今の自分にとって大事かに気づけば、余計なものを捨てることができます。

たとえば、プレゼン資料がごちゃごちゃして見にくくなったと感じたら、

「聞く人は何が一番聞きたいか？」

多くの仕事があって、何をすればよいのかわからなくなったら、

「今、一番大事なことは何か？」

などと、「一番」をつけて自問自答するのも、一つの方法です。

虫眼鏡は、空中で全体を眺めようとしても、焦点が定まらずにぼんやりしてしまいますが、対象を絞って近づくとクッキリ見えるようになります。

同様に、「短く本質に迫る問い」で自分がフォーカスすべきものを決め、そこにエネルギーを注ぐことをお勧めします。

判断(ジャッジ)を入れない

二つめは、判断（ジャッジ）を入れない、ということです。

営業活動がうまくいっていないAさんが、こんな問いを、上司からされたとしましょう。

「どうして結果が出せないんだ？　やるように指示されたことをやっていないからじゃないのか？」

「見てるといつも時間管理が甘いよね。だから時間が足りなくて結果が出せないんじゃない？」

これらは、一見するともっともらしい問いに思えるかもしれません。ですが、皆さんがこんな問いをされたとして「そうだったのか!」と腹落ちして、やる気になるでしょうか?

おそらく、ほとんどの人は、なんだか嫌な気分になると思います。

では、もし次のような問いをされた場合はどうでしょう?

「今、何が一番気になってる?」
「本当はどうしたい?」

先ほどの問いよりも**素直に自分の中に入ってくるような感じ**がしないでしょうか?

実は、最初の問いには、問いをする側の「判断(ジャッジ)」や「誘導」が入ってしまっています。これでは、問われた相手は反発したくなります。

そうではなく、**問われた人に「スッと入って」きて、もやっとしていたものを晴らし、前向きなアクションを起こしたくなるような問いこそ「良い問い」**と呼ばれるものです。このように、相手に投げかける質問についても、ほんの少しのことで、結果は変わってくるのです。

視座の高さを変える

厳密に言うと「型」ではないのですが、問いの「視座」についても触れておきたいと思います。

問い体質の人は、どんな状況でも「良い問い」で物事を良い方向に進めていくことができます。先ほどもお話ししたように、目の前の事象だけにとらわれず、物事の背景を探ってハッとさせるような問いをするからです。

そのために必要になるのが「視座の高さ」です。視座は、視点や視野とも似ていますが、視点とは文字通り「どこを見ているか」で、視野は「どこまでの範囲を見ているか」です。一方「視座」とは、より高いレイヤー（階層）にあり、視点や視野を含め「どんな立場から見ているか」を指します。

現実の自分がどんな立場であっても、「高い視座」を持ち、いろいろな立場から物事を問うことができると、その場に流されず、広い視野から正しい判断ができるようになります。

自分の立場が有利になるような話を、まるで客観的にそうであるかのように「ポジショントーク」をする人がいます。そんな相手でも視座の高さを持てば「この人は自分の主観で話をしているんだな」とわかり、客観的に判断できるようになります。

たとえば、仕事のやり方を変えようという話が持ち上がったときに「そのやり方では現場が混乱する」と異を唱える人がいたとします。普通に聞いていれば「なるほど、現場が混乱するのはよくないな」と考えてしまうかもしれません。

けれども、そこをさらに上の上司の視座から「この人はなぜそんなことを言うのだろうか？　どのような理由から発想しているのだろう？」と問いを立ててみると、案外、自分の仕事が他の人にとられてしまうことを恐れているだけということが見えてきたりもするのです。

- **当事者「そのやり方では現場が混乱する」**
- **普通の視座（同僚など）「現場が混乱するのは嫌だよな」**

・高い視座（会社や上司など）「なぜ彼はそう言っているのだろう？　新しいやり方を導入すると自分の仕事が他の人にとられるからでは？」

同じ物事に対しても、自分の視座だけでなく「経営者なら」「ユーザーなら」「若い女性なら」「自分が当事者なら」と、**様々な視座から問うことを試してみると、その分だけ「問い」の回路が鍛えられます。**

こうして、脳に新たなシナプスをつくることで、それまで出せなかった「問い」が出てくるようになり、様々な状況で物事を良い方向に進めやすくなるのです。

なお、高い視座を持つことは、決して難しいことではありません。

たとえば、1冊の本を書店で手に取り、目次だけざっと見て「この本で得られる大事なポイントは何だろう？」と問いを立てるだけでもOKです。そうすると、まるで自分が本の著者のように、その分野の専門的な高い視座から物事を読みとるトレーニングになり、そこから派生して「なぜ、それが大事なのか？」という本質に迫る問いの回路が鍛えられることにもつながっていきます。

様々な視座で問う

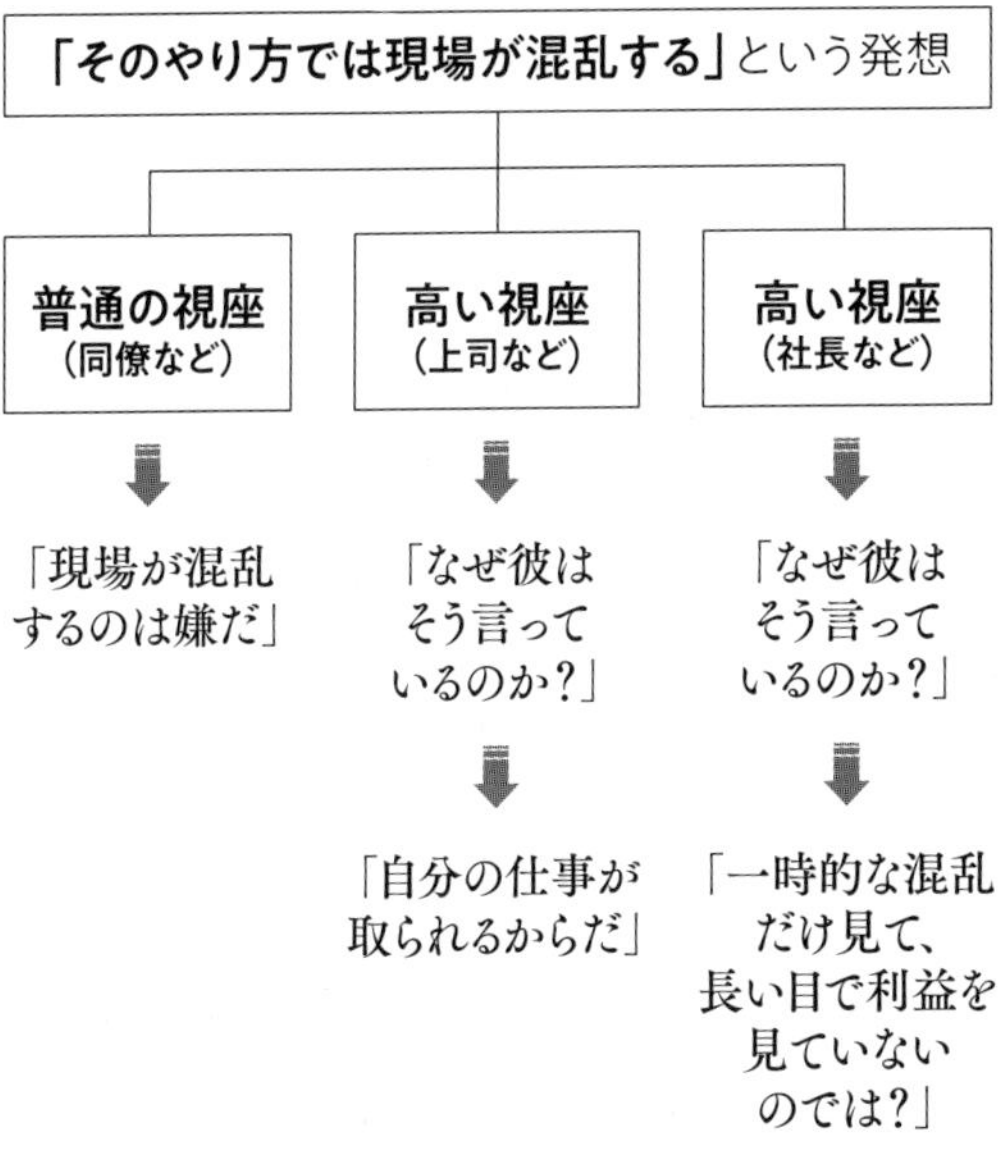
「そのやり方では現場が混乱する」という発想
普通の視座
（同僚など）
高い視座
（上司など）
高い視座
（社長など）
「現場が混乱するのは嫌だ」
「なぜ彼はそう言っているのか？」
「自分の仕事が取られるからだ」
「なぜ彼はそう言っているのか？」
「一時的な混乱だけ見て、長い目で利益を見ていないのでは？」

Point
様々な視座で「問い」を立てると、
違うものが見えてくる

ポジティブに考える

私たちは普段、無意識にとても多くの思考をしています。

思考とは**「自分に対する問いとその答えを出すプロセス」**です。

このとき、その問いに「あなたをネガティブにするもの」が前提として隠れていたとしたらどうでしょうか？

たとえば、あなたが何かを手に入れたいのに、それが手に入らなかったとします。

そのとき、「どうしてうまくいかないのだろう？」と自分に問うことは、「失敗してしまった」「自分のやり方（能力）に問題がある」という前提に焦点が当たってしまうので、無意識にネガティブな感情を持ったり、自信を失っていくことになります。

一方で、「どうすればうまくいくのだろう？」「何がうまくいくことを止めているのだろう?」と自問した場合はどうでしょうか?

このときには、「まだ失敗ではない」「他のやり方でやればうまくいく」という前提を受け入れることになるので、あなたは無意識にネガティブな感情を持つことを避けることができます。

ネガティブな質問はネガティブな感情を引き起こし、間違ったものにフォーカスしてしまいます。質問はポジティブなものでないといけません。

「どこがいけなかったのだろう?」

ではなく、

「どうすればもっと良くなるだろう?」

でないといけないのです。

私たちの仕事の質も人生の質も、私たちが自分自身にしている質問の質で決まります。何か問題が起こったときでも、「なぜ自分にはこんなことが起こるのだろう?」ではなく、「このことが起こって良かった点は何だろう?」という問いにしましょう。

マッキンゼーのコンサルタントも、常にポジティブな問いを投げかけています。その背景には、**PMA思考**があります。これはpositive mental attitudeの略で、ポジティブなマインドセットを意味します。当時、上司から**「常にポジティブに問題を考え、解決策を見つけ出せ」**とよく言われたものです。

これが体感できたのは、海外支社からリクエストを受け、ある大型店舗の売り場ごとの面積を割り出すというリサーチを行っていたときのことです。あらゆる情報を調べたのですが、面積の情報に関するデータを見つけることができず、現状では不可能だと頭を抱えていました。

そのとき「どうしたらそれが割り出せるのかを考えてみろ」と上司から問われ、ハッとしたことを覚えてします。そして、必要な情報がなければ、自分で情報を作り出せばいいのだと発想が変わりました。そこで、自分で前提条件を設定し、面積を計算して割り出してみようというアイデアが浮かんだのです。

これがPMA思考、つまりポジティブに発想することだと体感しました。

「どうしてダメなのか?」は過去に向かう問い、

「どうしたらいいだろう?」は未来に向かう問いです。

未来を変えるためには、未来に向かうような問いをすることが大切です。

常に前向きなプラスの問いを投げかけることを意識してください。

良い「問い」の4つの方向

ここまで問いの「型」について紹介してきましたが、「問い」にはもう一つ、「方向性」というものがあります。つまり、どこに向けて問うか、ということです。言い換えると、思考に方向性を与えて、フォーカスさせる方向を決める問いということです。

いくら型のよい問いであっても、問う方向がおかしければ、良い答えは出てきません。良い「問い」は、概ね、次の4つの方向性のいずれかを持っています。

①根本を問う ➡ 問題の核心をつく

たとえば、部屋に置いてある植物の鉢から水が漏れていたとします。当然、水漏れをなんとかしないといけません。

このとき「水漏れしている場所はどこ?」という問いを立てることもできますが、それでは問題が限定的です。もし、他にも鉢が傷んでいる箇所があれば、またそこから水が漏れるかもしれません。

「そもそも、なぜ水漏れが発生するのだろう?」という根本的なところから問いを立ててみると、実はそれほど水やりをしなくてもいい植物なのに、水をやりすぎていたことが原因だったことに気づくかもしれないわけです。

仕事での問題解決などに役立つ思考です。

②「未来志向」の問いである ➡「あるべき姿」に近づく

「未来志向」の問いとは、過去の延長線上で考えるのではなく、「そもそも、どんな未来を達成したいのか?」という視点から問うものです。

私たちはよく、過去の延長線上から物事を考えようとしますが、それでは、発想が広がらず、いつも同じことを繰り返すことになります。

そうではなく、**本来のあるべき姿から逆算して考えることで、今本当にやるべきことが見えてきますし、前提条件が外れるので「ゼロ発想」で考えやすくなります。**

「ゼロ発想」とは、あらゆる可能性から考えるということです。

たとえば、あるビジネスパーソンが、将来海外で仕事をしたいと考えたとします。そのとき、現状から考えると「勤務先に海外の支社もないし、転職する力もないから無理だ」ということになりがちです。しかし、「5年後、海外で仕事をする自分」というあるべき姿から逆算すれば、「そうなるために、今何をするといいのか？」という問いが立てられます。そうすると、「現状」という枠から外れて、「海外で仕事をしている日本人に、現地まで行って話を聞いてみよう」など、「今、何をすればいいか？」が見えてくるのです。

「ムーンショット」という言葉をご存じでしょうか？　米・ケネディ大統領が「60年代の終わりまでに人類を月面着陸させる」と宣言したことに由来する、**難しいけれど、実現したらインパクトがある挑戦**を指す言葉です。

これを実現するのは、まさに「未来志向」の問いです。一見不可能に見えることでも、「どうしたらできるのか？」という「未来志向」の問いを立てることで可能になるのです。Ｇｏｏｇｌｅの自律走行車などは、この考え方で生まれたと言われますが、問いの一つで、あり得ないと思っていた未来が実現に近づくのです。

③枠を外す ⬇「本当は？」で、可能性を広げる

周りの友人たちが次々と結婚していくので、そろそろ自分も結婚したほうがいいのかなと悩んでいる人がいたとします。しかしそこで「結婚すべきかどうか？」という問いを立てても、なかなか明確な結論は出にくいでしょう。自分にとって大事な問題であればあるほど、いろいろと考えてしまうものです。そんなときに「自分が本当に大事にしたいことは？」という問いを立ててみると、どうでしょうか。

もしかしたら、その人の場合は結婚よりも自分が探求している物事を究めることに、もっと時間もお金も使いたいという想いが強いかもしれません。

実際、ネットワーク環境やデバイスの発達で、どこにいてもいろんな生き方ができる時代ですから、結婚というかたちにとらわれずに自分が追いかけたいテーマを探求

しながら生きたいという人もいます。

そういった場合、目の前の問題に対して「イエスかノーか」という問いで考えるよりも、**「自分が本当に大事にしたいことは？」という、より大きな問いで考えるほうが、自分の枠を外して可能性を広げることにつながります。**仕事に限らず人生全般においても、大きな視点で物事を考えるために必要な問いです。

④「本当の声」をインスパイアする ➡ 相手を動かす

「結婚すべきかどうか？」で悩んでいる人に、結婚はさて置き「そもそも、あなたにとって何が本当に大事なの？」と問いを立てると、ハッとすることがあります。問われた人は、自分の中から出てきた「本当の声」に対して、忘れていたものを思い出したかのようになるからです。

大事なのは、**問いをした側は「答え」を言っていないということ。あくまで問われた側が自分で気づくからこそ「ハッ」として、その気になる**のです。本質に迫る良い問いは、相手をインスパイア（触発）させ、行動を起こさせる力を秘めています。

4つの方向

1
根本を問う
…物事の核心をつく

⬇

例）「そもそも～？」

2
未来志向の問いである
…あるべき姿に近づく

⬇

例）「そのために、今、どうしたらいいか？」

3
枠を外す
…可能性を広げる

⬇

例）「本当に大事にしたいことは？」

4
「本当の声」をインスパイアする
…相手を動かす

⬇

例）「そもそもあなたにとって…？」

〈根本を問う「問い」〉

「Where Why How」で本質的な問題解決をする

ここから、先述の問いをどうつくっていくかを紹介しましょう。

まず、未来志向の問いをするためには、「根本」につながる問いであることが大事だと述べました。

このとき、知っておくと便利なのが**「Ｗｈｅｒｅ（問題のありか）」「Ｗｈｙ（原因）」「Ｈｏｗ（対策）」の３つの切り口**から問いを考える方法です。

たとえば、新しい業務改善策が社内でなかなか浸透しないという問題があったとします。このとき、「Ｗｈｅｒｅ（問題のありか）」「Ｗｈｙ（原因）」「Ｈｏｗ（対策）」それぞれで問いを立ててみるのです。

◎「Ｗｈｅｒｅ（問題のありか）」➡「どこに問題があるの？」

・従来のやり方でも構わないと考える社員がいる
・部署によって浸透度にバラつきがある
・新しいやり方でトラブルが生じている

◎「Ｗｈｙ（原因）」➡「なぜ、そうなってる？」

・チェック機能がないからだ
・実施が部署任せになっている
・トラブル時にフォローできる体制がない

◎「Ｈｏｗ（対策）」➡「どうするのがいい？」

・新しいやり方で成果が上がった事例を共有する
・部署間での達成度を見える化する
・使いやすいトラブル対応マニュアルをつくる

ここで大事なことは、**いきなり「Ｈｏｗ」を問わない**ということです。

根本を問う「問い」

Where
「どこに問題があるの?」

⬇

●従来のやり方でも構わないと考える社員がいる
●部署によって浸透度にバラつきがある

Why
「なぜ、そうなってる?」

⬇

●チェック機能がないからだ
●実施が部署任せになっている

How
「どうするのがいい?」

⬇

●新しいやり方で成果が上がった事例を共有する
●部署間での達成度を見える化する

Point

いきなりHowを使わない

よくあるのが「業務改善策が浸透していないからどうすればいい？」と、先に「How」を問い、「達成度を報告させて、遅いところにペナルティを課す」というような行動をしてしまうケースです。

これでも多少は改善されるかもしれませんが、そもそも真の問題が「導入によって起こるトラブルが面倒」ということであれば、かえって社員や部署の不満が大きくなるかもしれません。

「Where」は言い換えると、そもそもどこに問題の根本があるのかを探るということです。

多くの人は、つい「Why」や「How」を急いで考えようとするのですが、そもそもの問題の定義＝「Where」（どこに問題の根本があるのか）がズレていれば、そこにどんな「Why」や「How」を見いだしても根本的な問題解決にはつながりません。だからこそ、「Where」「Why」「How」に分けて問いを立てることが大事なのです。

仕事やプライベートで、より具体的な問題に直面したとき使いやすいので、ぜひ覚えておいてください。

〈未来志向の「問い」〉
「望ましい状態」から、問いを組み立てる

あなたが望ましいパワフルな状態になるためには、どのような問いをすればいいのでしょうか？

それは、「欲しいもの、望ましい状態を持っている前提で質問を組み立てる」ということです。

たとえば、自分を変えたいと思っているなら、

質問「変化を起こすことを止めているものは何だろう？」
隠れた前提「自分は変化を起こせる」

また、行き詰まった状態から抜け出したいと思ったときは、

質問「自分の持っている力で、この状況から抜け出すには何を使えばいいだろう？」

隠れた前提「自分は抜け出す力を持っている」

という前提があるわけです。

先にも述べましたが、「ネガティブ」な前提でいては、問いもゴールもネガティブな方向を向いてしまいます。したがって、すでに望ましい状況を持っている、ポジティブな前提をもとに問うことが大事なのです。

もし、それが難しく感じられたとしたら、こんな質問からはじめてみてはどうでしょうか？

「そもそも自分はどうなりたいのか？」

「今は〇〇という悩ましい状態にあるが、ここから自分のなりたい状態になるために、まず何をするといいのか？」

〇〇にあなたが直面している問題を入れてみてください。

たとえば、

・やることが多すぎて仕事が終わらない
・忙しくて、自分のやりたいことができない
・上司との関係がうまくいかない
・プレゼンが下手で、言いたいことをうまく伝えられない
・結婚相手が見つからず困っている　……etc.

すると、最初から「プラス」の前提で問いをはじめることができると思います。

〈枠を外す「問い」〉

前提条件を疑え

コンサルティングの世界では、未来を開いていくようなグッとくる視点や仮説に対して「筋がいい」という表現をします。筋の良さは「前提条件を疑えるかどうか」とかかわってきます。

つまり、それまで当たり前のようになっていたこと、そうであるべきとみんなが思っていたこと＝**「前提条件」に対して、新たな視点から問いを立てて、「本当にそうなの？」「これもありなのでは？」と、周りをハッとさせられるものが「筋のいい仮説」（＝問い）**になるのです。

たとえば、今では当たり前のように街にある1杯200円前後のコーヒーショップ。1980年代中頃に登場するまで、コーヒーを飲む店と言えば、昔ながらの喫茶店が当たり前でした。

マスターがいて独特の雰囲気がある、あの感じですね。どちらかというと、わざわざコーヒーを飲むために行く店、あるいは商談やデートで使える店。コーヒー1杯の値段もそれなりにします。ゆったりと時間を使う場所であり、今のようにコーヒーを飲みながらスマホをチェックして自分の用事もしながらサッと出て行く感じではありません。

この「コーヒーは喫茶店で時間をかけて楽しむもの」という前提条件を疑って、「手軽な値段でサッとコーヒーを飲める場所もありなのでは?」という仮説から誕生したのが、ドトールのようなコーヒーショップでした。

それまで経験と勘が必要だったコーヒーの抽出ですが、専用のマシンを開発することで、誰でもおいしいコーヒーを淹れられるようにしました。また、店員が席に運ぶのではなくレジで注文して自分で席に持っていくスタイルに変え、立ち飲み的なスペースも用意するなど、店のオペレーションを変えることで、1杯200円前後の手軽な値段でも、お客さんの回転率を上げ、収益が上がるようにしたわけです。

コーヒー=昔ながらの喫茶店という前提条件を疑わなければ、新しいスタイルのコーヒーショップはつくれなかったでしょう。

また、今人気が出ているコーヒーショップと言えば、コメダ珈琲店です。スターバックスのスタイリッシュな内装とは逆に、昭和を思い出させるようなソファがあり、店内で読めるような雑誌も置いてあります。まるで居間にいるような雰囲気です。

コメダ珈琲店のコンセプトは、「地域の人にゆったり過ごしてもらうこと」です。お客さんの回転率を上げようとするお店が多い中、「そもそも人が喫茶店に求めているものは何か？」という問いから「自分の家の居間のようにゆったりした時間を過ごすこと」という答えを見つけ、さらに、「自分の家にいるように過ごしてもらうために、どうしたらよいか？」と問いを広げていったのではないかと思います。

それが、「背伸びしないでゆったりしたい」という多くのお客さんの気持ちとマッチして、今の躍進につながっているのではないでしょうか？

どんなに当たり前で、定番と思われているものも、無邪気に疑って「良い問い」を立てることができれば、新しいものを生み出すことはできるのです。また、コメダ珈琲店の例のように、その成功はどんな問いから生み出されたのか考えてみると、良い問いを生み出したり、前提条件をくつがえすアイデア出しのヒントにもなります。

筋のいい仮説を生むための「良い問い」をするには、**子どものような無邪気さで、過去の成功や失敗なども気にすることなくあらゆる前提条件を「本当にそうなのか？」と疑い、ニュートラルな視点から問うこと**、つまり**「ゼロ発想」**が必要なのです。

これは、マッキンゼー時代に何度も繰り返し言われたことですが、実際、良い問いから良い発想が生まれると、確実に良い成果につながっていきました。

良い問いを立てることは、目の前の問題を解決する力になるだけでなく、「こうなればいいのにな」という未来を切り拓《ひら》いていく力にもなります。

良い「問い」は、そのまま「筋のいい仮説」になるのです。

〈インスパイアする「問い」〉

相手の「思い込み」をいかに崩すか

相手をインスパイアするような質問をしたい場合は、**その人が何かを考えたり判断するときの「信念体系」（信念や思い込み）を覆す質問をする必要があります。**

たとえば、いつも遅刻をして怒られているAさんがいたとしましょう。

Aさんに対して「目覚まし時計を変えたほうがいいんじゃないのか？」と問うのは目の前の事象に対する問いです。たしかに、目覚まし時計のアラームに慣れてしまって、そのために起きられないのかもしれません。しかしそれでは、仮に新しく買い換えたとしても、また慣れてしまえば同じことになってしまうでしょう。

そうではなく、**Aさんが遅刻をしてしまう信念体系には何があるのかを問う**のです。言い換えると、遅刻をする背景にあるものを探るということです。

そこで、「いつもどんな気分で仕事に向かっているの？」と問いかけてみると、「今日も怒られるんじゃないか」「自分は能力不足なのではないか」「周りにも認められていない」というネガティブな気持ちで仕事に向かっていることがわかりました。

そうすると、Ａさんが遅刻しがちなのは目覚まし時計のせいではなく、そもそもあまり仕事に行きたくないという気持ちが背景にあったことになります。

そこからさらに「何が怖いの？」という問いをすると、子どもの頃から人間関係に自信が持てずにいたため、その延長線上でいつも自信がない状態がデフォルトになってしまっていたことも見えてきました。

このように、物事の背景をたどっていくような問いをしていくと、決して目の前の事象だけを問うても問題が解決しにくいことがわかると思います。

何がそもそもそうさせているのか。そこを意識して問うことで問いのレベルが上がり、より効果的な問いができるようになります。

相手の「どの部分」に働きかけるのか？

人間のやることには「①表面に表れる部分」と表れない部分があります。表れない部分には、その人が意識的・無意識的に持っている**「②信念体系」**があります。ここは通常、かたちとしては見えません。さらに、その信念体系を構築するに至った**「③感情の出来事」**がどこかにあります。

これは氷山のようなものです。水面に浮かぶ氷山で見えているのは水面から上の部分。その水面下には、どのようにしてつくられた、どんな大きさの氷があるのかは見えません。

自分が今向き合っているのは①〜③のどこであり、**相手のどの部分を問おうとしているのかを意識せずに「問い」を立てても、相手の枠を外して新たな可能性を開き、行動を促すような良い問いは出せない**のです。

たとえば、意見を言わない相手に対して「なぜ意見を言わないの？」と投げかけるのは「①表面に表れる部分」への問いです。どうして意見を言わないんだ？　と、そこばかり追及しても相手はおそらく黙り込むしかありません。

そこから一歩踏み込んでいくと、先ほどお話ししたように、その相手が持っている「②信念体系」を問うような**「意見を言おうとすると、どんな感情になる？」**という問いが出てきます。

そこで相手が「あまり出しゃばって意見を言うと後ろめたい感情になる」と言ったとすると、その背景に「意見を口にするのは良くないことだ」という「③感情の出来事」が何かあるのでは？　という問いが出てきます。

ここで「実は、子どもの頃から思ったことを口にすると父親に怒られた。そこから黙っているようになった」という事実が相手の口から出てきたとします。

ここまできたら、**「意見を言うのは悪いことって本当ですか？」**という問いを投げかけてみましょう。

相手の中で「意見を言うのは本当に悪いこと？」「意見自体は悪いことじゃないはず」「だとしたら、それを悪いことと決めてしまっているのは自分なのでは？」と、自問自答がはじまるかもしれません。

こんなふうに、**相手の視点を過去から未来に向け、枠を外して可能性を開き、インスパイアさせることができれば、それは間違いなく「良い問い」になります。**

そのためにも、相手に向けて「問い」をするときに、「①表面に表れる部分」「②信念体系」「③感情の出来事」のどこを問えばいいのか、常に意識してみてください。

「問い」に見えて「問い」でないもの

「この問い」は本物かどうか――。

マッキンゼーのコンサルタントの多くは、立てた問いが本物であるかを見極めようとする習慣があります。

問いには、偽物の問いがあります。

偽物の問いとは、ここで答えを出さなくてもよいような「問い」や、そもそも答えを出しようのない「問い」のこと。これらは、考えても仕方がないものです。

また、普段私たちがよく発している

「AとBとどっちにしようかな？」

という問いも、偽物です。

たとえば、「英会話教室に行くんだけど、A教室とB教室とどちらがいいかな?」という問いに対して、本当に相手のためを思うなら、どう答えるでしょうか?

英会話教室といっても、ビジネスから海外旅行向けまで様々なものがあります。まずは相手の目的を知って、それに応じた教室を勧めるのではないでしょうか?

つまり、「A教室とB教室とどちらがいいか?」という「問い」の前に、

・なぜ英語を話したいと思ったのか?

・今のレベルはどの程度であるのか?

といった根本につながる「問い」を押さえておかなければならないのです。

すると、本当の「問い」は、「本当に英会話が必要なのか」ということになるのかもしれません。

「問い」が正しくなければ、望んだ結果は生まれません。それが本当に「根本」の解決につながるのかどうか、振り返ってみてください。

「問い」をノートに書き出す

「問いの力」を自分のものにするには、たくさんの問いをすることとお伝えしましたが、そのときに活用したいのが**「脳」と「ノート」**です。

実は、脳による学習や記憶のパターンには2種類あります。

一つは「陳述的記憶」と呼ばれるもので、いわゆる「頭で覚える」タイプの記憶。

そしてもう一つが「手続き記憶」で、こちらは「体で覚える」タイプの記憶です。

資格試験の勉強などで一生懸命暗記したり大事なことを覚えておこうと思いながら他のことをやっていたら、最初に覚えたことが思い出せなかった。

皆さんも、そんな経験があると思いますが、そうした「頭で覚える」タイプの記憶が定着しにくいのには理由があります。

頭で覚えようとしたことは、脳の中でも「大脳辺縁系」にある「海馬」で処理され、覚えようとしたものの中から重要性の高いものだけを、記憶を司る「大脳皮質」に送って保存していきます。つまり、「海馬」で一度選別フィルターにかけられるために、**覚えたことがすべて記憶されるとは限らない**わけです。

それに対して「体で覚える」タイプの「手続き記憶」は、海馬よりも奥にあり、人間の運動に必要な筋肉の動きをコントロールしている「大脳基底核」と「小脳」のニューロンネットワーク（神経回路網）で処理されます。ここでは、その動きそのものを記憶していくために、**一度、刻まれたものは忘れにくくなる**のです。子どもの頃に、最初は何度も転びながら自転車に乗って、そのあと何年も乗らなくてもずっと乗り方を覚えていられるのは、そうした働きがあるからです。

ですから、「問い」のトレーニングもただ問いを言葉で発するだけでなく、ノートに書き出すことがお勧めです。

「ノートに書く」という行為は、頭を使うだけではなく、手という体の一部分も使います。つまり、頭だけで覚えるのに比べて、**ノートにペンを走らせて「手を動かす」ほうが、脳の前頭葉が働くため思考の整理がしやすくインスピレーションが湧き、しかもその後、記憶が定着しやすくなる**のです。

ですから「問い」のやりとりも、すぐにノートに「問い」とそこから出た答えを書いておくことで、問いから出てきたアイデアや発想が定着しやすくなります。

ノートは脳戸

私はノート＝「脳戸」だと思っています。書くことで脳が刺激される、つまり、私たちの脳の扉を開くのは、ノートに書くことだと考えています。

ご参考までに、次ページに「問いノート」のシートと記入例をあげておきました。問題の下に、基本的な「問い」を入れておき、その後に続けて考えを書いていくと、新しい発見が生まれやすいと思います。

問題解決のための「問いノート」

問題

▶なぜ、

▶そもそも、

▶

記入例

問題解決のための「問いノート」

問題
残業が多い

▶なぜ、残業が多いのか？

・仕事量が多い
・急な資料作成を夕方に振られる

▶そもそも、自分がやるべきことは何か？

・営業部の人が発注を取りやすくなる資料を作成すること

▶どうすればいいのか？

・営業部にヒアリングして、営業部の動きをつかんでおく
・汎用的なデータを入れた資料をあらかじめ用意する

「ブレット形式」の問いノート

拙著、『マッキンゼーのエリートはノートに何を書いているのか』（ＳＢクリエイティブ）で「ブレット形式」のノートのとり方を紹介しています。

ブレット形式とは、自分の頭の中を構造化しながら、箇条書きで書いていくということ。箇条書きの冒頭の「・」のことを英語でブレットと呼ぶことから、ブレット形式と言っています。「構造化」というと難しく聞こえるかもしれませんが、これを「問い」と結びつけると、内容をわかりやすくまとめることができると思います。

たとえば、「昨年度よりチェーンの売り上げが落ちた」という事実に対して、問いのステップ１の５Ｗに沿って、調べた事実を書き込みながらグルーピングし、最後に「Ｎｅｘｔ Ｓｔｅｐ」として、上の情報を見ながら次にやるべきことを考えてみます。

こうして見ると、全体がつかみやすくなりますし、情報も整理されやすくなります。

ブレッド形式の「問い」ノート

▶When（いつ、から下がったのか？）

- 昨年の3月から少しずつ下がっている

▶Where（どこで、下がっているのか？）

- 都心のA店が際立っている

▶Who（誰が？）

- 特に20代女性のお客さんが減っているようだ

▶What（何が？）

- 洋服に関する売り上げが減っている

▶Why（なぜ？）

- テレワークや外出自粛の影響で、
  おしゃれをする機会が減ったから

▶Next Step（次に何をするべきか？）

- リモート会議で画面映えするような
  商品を集めて展開するのはどうか？

ピザ屋を呼べ

良い問いを出すためには、無邪気であること、そして自分の判断を入れないことが大切だとお話ししました。そのためには、まず五感を研ぎ澄ませておくこと。脳を休ませたり、自分自身も休息をとることが大事です。

たとえば、ランチタイムのあと、10分ほど散歩をするのもよいでしょう。ぼーっとして心が開放されると、脳は脳内の様々な活動を同調させるデフォルトモードに入ります。すると、何もしていない状態で脳が活性化し、思考の点と点がつながって、ハッとしたアイデアも出やすくなります。ある意味、何もしない時間こそ、問題解決や発想を生み出す源になるのです。

だから、本来は、「問い」が浮かんだら、すぐに答えず、アイデアが出るまで寝かせることも必要です。締め切りがあるからそうはいかないと思うかもしれませんが、アイデアが出なければ、あえて「寝かせる」ということも試してみるとよいと思います。

大事なのは、**脳をニュートラルなポジションにして、無邪気に違和感を見つけ出して、疑問を感じること**。それが秘訣です。


でも、「無邪気になんてなれない」「会議でばかげた質問と思われるのではないか？」という方もいるでしょう。そこで、一つおもしろい話があります。

あるコンサルタントファームで、会議が行き詰まり、ブレイクのためにピザをとることになりました。ピザが運ばれたとき、何を思ったか、一人のコンサルタントが、ピザの配達人に、「君も会議に参加してほしい」と言いました。

なんの背景もわからないまま会議に参加したピザの配達人は、その会議にいた誰もが持たなかった視点から意見を出してきました。それが大きなインスピレーションを生み、プロジェクトの成功につながったことがあるのです。

「会議で行き詰まったら、ピザ屋を呼べ」

「そんなバカなことを」と思ったことほど、びっくりするような発想につながることもあるのです。

第2章のPoint

良い「問い」とは？

[根本を問う「問い」]

Where　どこに問題があるのか？

Why　なぜ、そうなっているのか？

How　どうするのがいいか？

[未来志向の「問い」]

例）「なりたい状態になるために、
今、どうするのがいいか？」

[枠を外し可能性を広げる「問い」]

例）「本当にそうなの？」と、視点を広げる

[インスパイアする「問い」]

例）「そもそもあなたにとって…？」と、
思い込みを崩して相手を動かす

第3章 仕事の悩みは「問い」で解決する

最も重要な5つの質問とは、われわれのミッションは何か、
われわれの顧客は誰か、顧客にとっての価値は何か、
われわれにとっての成果は何か、われわれの計画は何か、
という5つの質問からなる経営ツールである。

ピーター・ドラッカー

すべての仕事を「問い」からはじめよう

コーチとして世界的に有名なアンソニー・ロビンズは、「質の高い質問が、人生の質を決める」と言っていますが、すべては良い「問い」で決まると言っても過言ではありません。

問うことで、

・自分の思い込み
・仕事の本質
・相手の前提

に迫ることができれば、仕事はより速く進むうえ、ワンランク上の成果につながります。さらに仕事が核心に迫るものとなり、仕事自体が魅力的なものとなります。

ここでは「仕事」で「問い」を使う具体的な方法について、紹介していきましょう。

「問い」の3つのステップ

皆さんが、顧客あるいは社内の人や取引先の関係者から、何かの仕事を頼まれたときに、まずやることは何でしょうか?

依頼内容を確認することかもしれませんし、自分のスケジュールや社内のリソースを調整することかもしれません。

ですが、本当はその前に必ずしてほしいことがあります。

それは、すでに皆さんご存じの「問う」ことです。

優れたコンサルタントは、戦略的に問いを使います。

仕事で「問い」を使う場合は、次の3つのステップを意識してみてください。

① まず状況をちゃんと見る=問いで本質をつかむ

② 仮説を問いのかたちで立てる
③ 仮説を検証する

具体的な事例をもとに、「問いの3ステップ」の使い方を説明していきましょう。

皆さんの仕事の中で、「差し戻し」になることはないでしょうか？

「こういうことだろうと思ってやってみたら、『やり直して』と言われた」

「相手の言う通りにやったにもかかわらず、差し戻しにあった」


なぜ、差し戻しが起こるのかというと、社外であれ社内であれ、**「人は自分がほしいもの、必要とするものを本質的にはわかっていない」**ということがあるからです。

だからこそ、実際にかたちになったものを見て「これじゃないんだよな」「もっと、こうなっていれば」「こういうのはできないの？」という、オーダーを出したくなるのです。


しかし、そのたびに、せっかく終えた仕事が差し戻しになれば、時間もやる気も消耗してしまいます。

そこで「問いの3ステップ」に沿って、差し戻しなく、顧客の要望に応える資料を提出する流れを見てみましょう。

①まず状況をちゃんと見る＝問いで本質をつかむ

たとえば相手から「資料がほしい」とオーダーされても、参考程度に必要なのか、何らかの判断をするために必要なのかで資料の中身も違ってきます。

相手がそれを必要としている背景、つまり仕事の本質をつかむために「5W1H」（後述）の問いを活用します。

質問例　「その資料をどこで使うのですか?」（Where）
「その資料は、何のために使うのですか?」（Why）

②仮説を問いのかたちで立てる

顧客に提出する資料に関して「どんな内容が必要ですか?」と聞いても「そこは任

せるよ」という回答しか返ってこないことがあります。具体的な状況や目的がわからなければ、一体何が資料の重要なポイントかがわかりません。そんなときは、仮説を問いのかたちで立てることで、相手の背景や本質に迫ることができます。

たとえば、これまでの流れなどから「相手は社内会議で検討するために資料を必要としているのでは?」「それなら比較用の画像やデータがあったほうが会議が通りやすいのでは?」という仮説を立ててみるのです。

③仮説を検証する

仮説をもとにして「他社との比較データがあったほうがよいでしょうか?」という問いを立てると、案外ずばりと「うちは客観的なデータがないと会議を通らないからそこは外さないでもらえると助かるよ」という「答え」が引き出せたりするものです。

このように仮説を検証する問いができると、仕事が差し戻しになるというロスを減らしていくことができます。

この3ステップは、仕事における「問い」の基本です。

「問い」の3ステップ

①状況を見る=拡散する問い

- 5Wで問う
- 本質をつかむ=大事なものは何か?

②仮説を問いのかたちで立てる=収束する問い

- 本質を確認する=そもそも何がしたいのか?
  ➡一番大事なことは何か?
- 5W1Hで仮説をつくる

③仮説を検証する

「問い」で脳を最適に動かす

さて、ここで少し「思考」と「仕事の流れ」について、説明しておきたいと思います。仕事は、まさに「思考そのもの」です。何かを決めたり、どのように進めるかを考えたりと、常に「考える」という作業が必要となります。

このとき思考は、「拡散」と「収束」を繰り返します。

「拡散」とは、いろいろな論点や意見、アイデアが出て、議論が広がっている状態。ある一つの論点や意見などに絞り込んでさらに深堀している状態が「収束」です。

たとえば、アイデアや方法を考えたりするときは、思考を「拡散」させて、発想を広げていきます。そして、実際に何かを決めるときは、思考を「収束」させていきます。

「脳」を意識的に拡散・収束させるために「問い」は有効なツールです。

3ステップも、「拡散」させる問いと「収束」させる問いを使い分けながら、進めていきます。その方法をいくつかご紹介していきましょう。

「5W1H」を意識して仕事を問う

まず、実際の質問として使いやすいのは、やはり「5W1H」の問いでしょう。
たとえば、こんな問いです。

「相手はどうなりたいと思っているのか?」Who(誰が)
「この仕事のゴールは何だろう?」Why(なぜ)
「外してはいけない大事なポイントは何?」What(何を)
「いつまでに必要なのか?」When(いつ)
「使われる場所は?」Where(どこで)

「拡散」の段階では、仕事の内容や状況に合わせて、「5W」の中から必要な要素を問いによって確認していきます。

この問いを面倒くさがってやらずに進めてしまうと、中途半端な結果になったり、途中で方針変更が生じてしまったりします。

一方で、「収束」のときには「5W1H」を使いながら、仮説を立てます。仮説は、1文で具体的でなければなりません。

「5W1H」が具体的にそろった仮説は、やるべきことが明確になります。

たとえば、「40代の健康を維持するサービスをはじめてはどうか」という仮説は、何をどうすべきかがわからず曖昧ですが、

「運動して身体の管理をしたくても忙しくてできない40代のビジネスパーソンに向け《Who》て、自宅で《Where》　いつでも《When》　トレーニングができる《What》　アプリを開発できないか《How》」

だと、次に何をすればよいかも具体的になります。

良い事例が「NIKE+」(ナイキプラス)。これは、ランニング、ワークアウト等のデータ管理を行ったり、効果的なトレーニング法などを提供するサービスで、どこでも運動できるように忙しいビジネスパーソンをアプリでサポートするものです。

このサービスのコンセプトも「5W1H」が明確なのです。「5W1H」を具体的

にしていく「問い」がいい仕事につながるのです。

A4 1枚で「仮説」をつくる

5W1Hを使った仮説は、A4サイズの用紙に書くと立てやすいと思います。用紙の半分くらいのところに、Whyを除いた4Wと1Hを記入して、それぞれの項目を埋めます。その上に、Whyを横書きで入れ、「なぜ、そのようなことが言えるのか」を記入し、最後にそれをまとめた1文の仮説を、一番上に書けば、仮説のできあがりです。たとえば、先の例なら、120ページの図のようになります。

そして、検証の際には、なぜそれが言えるのかについて、4W1Hをそれぞれ見ていきます。これだと具体的で検証もしやすく、次のステップに進めやすくなります。

「根本」に近づく問い

「そもそも」「一番」など、問題の根本につながる「問い」も使いやすいものです。

仮説ノート

〈仮説〉

運動して身体の管理をしたくても忙しくてできない40代のビジネスパーソンに向けて、自宅でいつでもトレーニングができるアプリを開発できないか?

〈Why〉

ジムに行く暇はないけれど、運動不足が気になっているビジネスパーソンは多いから

When	Where	Who	What	How
いつでも	自宅で	忙しくて運動する時間が捻出できない40代のビジネスパーソン	トレーニング	アプリで

拡散させたいときは、「そもそも、お客さんがほしいものは何か？」などと問えば、発想を飛躍させてくれます（ちなみに、コーヒーを売るのではなく、サードプレイス＝場所を売るというスタバの発想にもこうした問いがあります）。

収束するときは、「一番〜なのは何か」などと問いを立てて、最も注目しなければならないものを見極めます。

深掘りをする問い

トヨタの「なぜを5回繰り返す」という方法もそうですが、マッキンゼーでも「So What?」（だから何？　つまり何が言いたいの？）、「Why So?」（それは、なぜ？）を繰り返すことで、ロジックを強固なものにしていきます。

たとえば、「残業を減らすには、不要な仕事を減らすべきではないか？」という仮説を立てたとします。それに対し、「So What?」（だから何？）という問いを立てれば、「無駄な資料づくりが多い」というふうに「何が不要なのか」が出てきます。

さらに、「Why So?」（それは、なぜ？）と問いかけて「同じ内容のものを提出先ごとに分けてつくっているので、無駄が生じている」という仮説が出てくれば、具体的に対応することができるようになります。

チャンクダウン&アップ

チャンクとは、「かたまり」を意味する言葉です。チャンクダウンは、「かたまり」を小さく分けるということで、チャンクアップは、「かたまり」をまとめて大きくすることを意味します。

チャンクダウンは**考えを具体的にしたり、下位の概念にすること**。たとえば、問題を複数の小さなかたまり（グループ）に分けるのはチャンクダウンです。

チャンクアップは、**考えを抽象化したり、より上位の概念にすること**。つまり、具体的な事象から問題の全体を見ることです。

コンサルタントは、抽象化した概念から「それは具体的にはどういうこと？」と聞いて具体的事象を見つけたり、具体的な事象から、ある傾向を見つけてグルーピングしながら抽象化していきますが、それと同じです。

たとえば、「社内の風通しが悪い」と言われたときに、「具体的にどういうこと？」と問えば、「上司と部下の報連相ができていない」「部署間でもうまく連携ができない」などと、チャンクダウンした事象が出てきます。これをさらにチャンクダウンすれば、「上司が怖くて意見を言えない」「メンバー同士が反目し合っている」などと、さらに具体的な事象が出てくるでしょう。

逆に、「うちの部署では、怖くて上司に意見を言わない」「メンバー同士が、どんな仕事をしているのか知らない」「部署内で仕事の目的が共有されていない」と言われたときに、「要するにどういうことか？」と思考すれば、「つまり、これらの事象は、社内の風通しが悪いということだ」と、抽象化してまとめることができます。これがチャンクアップです。

頭がいいと言われる人は、この二つを意識的に使いながら、思考を深めています。

「Pain《ペイン》 or Gain《ゲイン》」の問い

これはマーケティングのときに使う考え方です。

商品やサービスの基本は、Ｐａｉｎ《ペイン》（どんな痛みを取り除くか）か、Ｇａｉｎ《ゲイン》（どんな効果が得られるか）のどちらかが必ずあるということです。

Ｐａｉｎの代表として、たとえば、がん保険は「がんになったときの治療費をどうしよう？」という不安を和らげてくれる商品です。Ｇａｉｎの代表例はいろいろとありますが、食後の脂肪の吸収を抑えるウーロン茶などは、「食後に血糖値が上がることを抑える」という利点を謳った商品です。

人はＰａｉｎかＧａｉｎのいずれかが得られる商品やサービスを購入するのです。想定される顧客がどんな人であれ、必ず「この商品はどちらの売りがあるのか？」を見極めて、ストーリーをつくることが望ましいと言えます。そうでなければ、顧客は「何のための商品」なのかがわからず、結果、商品も売れないでしょう。

たとえば、枕であっても、ただやわらかい、堅い、というよりも、「睡眠不足が解消される枕です」などと具体的な効果があったほうがわかりやすくなります。

「この商品の売りは、Ｐａｉｎ かＧａｉｎか？」

「この商品は、顧客のどんな問題を解決するか？」

「この商品は、顧客にとってどんなプラスになるか？」

こんな問いを立てながら、自分がお客さんだったら、どんなものがほしいのかを考えていきましょう。すると、売れる商品のアイデアやマーケティングの訴求の仕方など、質の高い考えが出てきます。

「フレームワーク思考」で問う

最後にご紹介するのは、「フレームワーク」です。

考えてみれば、「フレームワーク」は、そのまま問いのかたちにすることができます。戦略立案によく使われる「3C」なら、「顧客はどうか?」「競合はどうか?」「自社はどうか?」という問いになりますし、マーケティングに使われる「4P」なら、「製品は?」「価格は?」「流通は?」「プロモーションは?」という問いになります。

フレームワーク思考の良い点は、MECE《ミーシー》(漏れがなくダブリがないこと)になること、そして、効率的に問いを立てていけることです。

目的に合わせて、フレームワークを用いながら問いを立ててみるのも一つの方法だと思います。

〈新しい仕事をはじめるときの問い〉

未知の問題は、プロアクティブな「問い」を使う

ここからは、具体的に仕事での問いの使い方について紹介していきましょう。

仕事ができる人は「問い」を武器にして仕事を回しています。

自らの目で「何が起こっているのか?」「起こっていることの本質は何か?」を常に問いながら、様々な物事に向き合って、行動しています。

それなら自分もやっていると思う方もいるかもしれませんが、「できる人」というのは、このときの「問い方」が違うのです。

多くの問いは、「なんとなく物事を観察」したり、「目に見えた問題だけを考える」ことから生まれています。たとえば、「ある顧客の売上が下がっているから、そのお客さんのところに行こう」という考えが、これに当たります。このように目に見える物事について対処したり考えるのは「リアクト（反応）型」と呼ばれるものです。マ

ッキンゼーでは、「コインの裏返し」発想とも言われています。

それに対して**「そもそもどうしたいのか？」「本来あるべき姿は？」**というように、**自ら仮説を立てて「表面化していない問題」を問うのは「プロアクティブ（率先）型」**と呼びます。仕事のできるコンサルタントは、常にプロアクティブ型で問いを立てています。

一つ事例をご紹介しましょう。

私がコンサル時代に出会ったBさんは、ある国の食材を日本の消費者に知ってもらうというプロジェクトを担当していました。その当時、その食材は、「国産」が一番良いとされている時代で、日本の消費者にとって海外の食材は、一部のレストランなどを除けば、一般家庭で馴染みのあるものではありませんでした。言うなれば「未知のもの」をどうやって広めていくかという問題に取り組んだわけです。

通常は全国共通のプロモーションを行うことを前提に、そのプロモーションの中身をどのように効果的にするかを考えます。

このとき、目に見える問題は「日本の消費者はこの食材の存在を知らない」ということです。そこだけを**「リアクト（反応）型」で問うと「どうやって、この新しい食材の存在を知ってもらうか？」という問い**になります。

しかし、Bさんは、いくらクリエイティブを高め、魅力的なプロモーションをしても、それだけでは日本の消費者に新しい産地の食材の味を知ってもらうのは難しいのではないかと考えました。日本各地の専門店やスーパーの売り場を回るうちに、同じ食材でも地域によって好まれる料理法はまったく異なるのでは？　という問いが立ち上がってきたからです。

たとえば、北国のある地域では焼き物が好まれるのに対し、西の地域では煮物が好まれます。それなのに、全国共通で同じ料理を前面に出したプロモーションを行っても、あまり消費者に浸透しないかもしれないというわけです。

そこでBさんは、**本来あるべき姿は、それぞれの地域の消費者が好む調理法で、この食材を「おいしい」と評価してもらうことではないか**と気づきます。そして、**「地域別に調理法を変えたプロモーションをすれば消費者にウケるのでは？」という「プロアクティブ（率先）型」の問い**を立て、このプロジェクトを成功させました。

これを前述の3ステップの問いで考えると、次のようになります。

① まず状況をちゃんと見る＝本質をつかむ

・5Wで状況を問う＝それぞれの地域で好まれる調理法が違うことがわかった

・「本来あるべき姿は何か？」という問いから、
「本来あるべき姿は、それぞれの地域の消費者が好む調理法で、この食材を『おいしい』と評価してもらうことではないか」と気づいた

② 仮説を問いのかたちで立てる

・5W1Hで仮説をつくる
「地域別に《Where》　調理法《What》を変えたプロモーション《How》をすれば　消費者《Who》（家庭の主婦）にウケるのでは？」

「なぜなら、消費者が好む調理法でPRしたほうが、毎日の食卓の定番になりやすいから」（Why）

③ 仮説を検証する

5W1Hについて検証し、うまくいきそうであれば実行の段階に移ります。

ただ知ってもらうだけのプロモーションを行っても、そもそもそれぞれの地域の消費者が好む調理法と結びつかなければ、興味を持ってもらえません。

本来あるべき姿は、それぞれの地域の消費者が好む調理法で、この食材を「おいしい」と評価してもらうこと。そこで、**「地域別に調理法を変えたプロモーションをすれば消費者が食いつくのでは？」という「プロアクティブ（率先）型」の問い**を立て、このプロジェクトを成功させることができました。

未知の問題であっても

- 課題の向こうにある現場の状況＝「どんな食べ方をしているのか？」
- 本来あるべき姿＝「その地域の消費者が好む料理法と結びつける」

がわかれば、解決することができます。

うまい問いを投げかけることで、見えていない答えを導き出すことができるのです。

新しい問題を「問い」で解決する

①状況を見る

● 5Wで問う

When　いつ食べるか？
Who　誰が選んでいるか？
Where　それぞれの地域での調理法は？
What　何の料理が好まれているか？
Why　なぜ、買うのか？

②仮説を「問い」のかたちで立てる

〈リアクト型〉

どうやってこの食材の存在を知ってもらうか？

〈プロアクティブ型〉（目に見えない本質への問い）

何が一番良いことか？

➡ 地域別に料理法を変えて
プロモーションをすればいいのでは？

③仮説を検証する

〈ゼロ発想で新しい仕事を生み出す問い〉

「そもそも…」であえて大きな問いを立ててみる

プロアクティブな問いと同時に、初めての仕事や、新しいアイデアを出そうとするときに試みてほしいのは、「あえて大きな問いを立ててみる」ということです。

今の世の中で「当たり前」「常識」「考えるまでもない」とされていることが、本当に正しいとは限りません。そうした「当たり前」の前提に知らず知らずに縛られてしまっていることで、本質的な問題が解決できなくなってしまっていることも少なくありません。

そうした物事に対して**「健全な疑い」**の問いを立てられるようになると、**それだけでも発想は開けていきます。なぜなら、多くの人が「当たり前」と思っていることは、それだけ新たな発想をする人が少ないので、そこに潜在的なチャンスが埋もれている**

からです。したがって、あえて「大きな問い」を立てて考えてみるのも、前提の枠を取り払って新たな可能性に出会うために有効です。

一つ例をあげましょう。

たとえば、女性の子育て支援策が国レベルでも「課題」になっています。背景には、様々な要素がありますが、ここでも「当たり前」「常識」が邪魔をしているケースが少なくないように思います。

「女性が外出先で授乳できる場所が少ない」というのもその一つでしょう。これを、常識的に考えれば授乳スペースの確保はコストもかかるし、場所の問題もあるのでなかなか難しいという結論になりがちです。

ですが「本当にそうなの?」という健全な疑いを持って「問い」を立てると、「物理的な場所を確保することが前提になっているから課題が解決できないのでは?」という、新たな問いに発展させることもできます。

実際、授乳服やマタニティウェアを企画販売しているモーハウスという会社では、物理的な授乳スペースがなくても人目を気にせず授乳できる、ストレスフリーな授乳服を開発しています。

授乳中も肌が見えず、ファッション的にもおしゃれ感を損なわない様々なバリエーションで人気になっているのです。

このように「なるほど」と思える発想が、なぜ自分ではなかなか出てこないのか。

その理由は、多くの人が「当たり前というプラグ」を「常識というコンセント」に差したままだからです。

常識のコンセントには、このままの状態を維持しようとする〝強い電流〟が常に流れています。その**プラグを意識して抜くことで「無邪気な発想」ができる**ようになります。

逆に言えば、あえて無邪気にならなければ、私たち大人はこれまでの常識に縛られて、新たな発想を生む「問い」すらできなくなってしまうのです。

本当においしいものをつくっているのか？

もう一つ例をあげましょう。

キリンビバレッジの「世界のＫｉｔｃｈｅｎから」という飲料シリーズをご存じでしょうか？

タイのお母さんのつくるデザートからヒントを得た「ソルティライチ」、ハンガリーのフルーツスープから発想した「とろとろ桃のフルーニュ」などが、他に類を見ないヒットシリーズになった飲料商品です。

この開発担当者の女性は、あるとき

「女性である私たち自身が、本当においしいと思えるものをつくれているのだろうか？」

という「問い」を持ったそうです。

そこで「そもそも、おいしいとは何か？」を定義しようとして出てきたアイデアが、「家庭料理」。つまり、お母さんの味でした。そして新商品にするために、どこにでもあるものではなく、自分たちがワクワクできるお母さんの味とは何かを考えた結果、「世界の家庭料理」に行き着いたのだそうです。

仕事をしていると「当たり前」のことが増えてきます。その中で、あえてそれを疑って、本質的な問いをしたことから、ヒット商品が生まれた一例だと思います。

〈情報をうまく使うための問い①〉

「どんな場面？」と聞くと、新たなニーズがつかめる

「プロアクティブな問い」のところでリサーチにつながる話が出てきたので、ここで少し「インタビューのコツ」について、触れておきましょう。

市場調査でも、ちょっと相手に意見を聞きたいときでも、相手が無意識のレベルで答えられるような「真の答え」を探るためには、コツがあります。コツといっても習得が難しいものではありません。基本パターンのようなものだと考えてください。

まず、**問いで明らかにしたいことのシーンを最初に明確にする**ということです。

たとえば「チョコレート」の新たな市場開拓のためにニーズを知りたいときなら「チョコレートは好きですか？」という漠然とした問いではなく、

「チョコレートを食べるのはどんなときですか？」

「最近食べたのはどこでどんな場面でしたか?」

というように、具体的なシーンを浮かび上がらせる問いをします。

すると「バーでウイスキーを飲みながら食べた」といった答えがいくつか出てきたとします。

そこから「お酒と一緒にチョコを楽しみたいという気持ちがあるのでは?」という仮説を立て、「好きなお酒に合うチョコがバーで選べれば食べたいですか?」という問いをしてみると新たなアイデアが生まれるかもしれません。

たとえば「バーでお酒を注文すると、珍しいチョコレートが選べる」というシーンをつくることで、消費者に直接売るのではなく、バーにチョコレートを売るという新たな市場が開拓できるかもしれません。

先ほどの3ステップでこの「問い」の流れを整理すると、次のようになります。

①まず状況をちゃんと見る=本質をつかむ

・5Wで状況を確認する。特に「場所」に注目

「最近食べたのはどこでどんな場面でしたか？」（Ｗｈｅｒｅ）
「なぜ、バーでチョコレートを食べたのだろうか？」（Ｗｈｙ）

↓

お酒と一緒にチョコレートを食べるという楽しみがあるのでは？

②仮説を問いのかたちで立てる

・５Ｗ１Ｈで仮説を立てる
大人の女性《Who》が　お酒と一緒に《How》　チョコレート《What》を楽しめるカフェのようなバー《Where》があれば、新しいもの好きな女性に好まれるのでは？
スイーツや新しいもの好きな女性がグループで来るから（Ｗｈｙ）

③仮説を検証する

検証では、ターゲットとなる顧客層に実際に聞いてみるのがよいと思います。

このときの質問は、「チャンクダウン＆アップ」を意識しながら、まずは上位概念から問いを立てます。

たとえば、直接「バーでチョコレートを食べたいですか?」と問うのではなく、
「お酒を飲むときに甘い物は食べますか?」（アップ）
「どんな甘い物を食べますか?」（ダウン）
と可能性を広げながら、
「チョコレートは食べますか?」（ダウン）
「お酒と楽しむなら、どんなチョコレートがいいですか?」（ダウン）
「なぜ、チョコレートがいいと思いますか?」（アップ）
などとアップとダウンを行き来しながら聞いていくとよいでしょう。
他にも「どんな人と行きたいですか?」「どんな場所で食べたいですか?」と「経験」を問うことも有効です。サービスの価値が「経験」に求められるようになった今、より大事な問いになってきていると思います。
インタビューをただのデータの蓄積に終わらせないためには**「いつ、どんな場面で、誰が、どんなものを、どのように、どんな理由で」というところまで手にとるように見える問い**をすること。
問いの中身が違うだけで、そこから得られるものは大きく違ってくるのです。

情報をうまく使うための問い

①まず状況をちゃんと見る=本質をつかむ

● 5Wで状況を確認する。特に「場所」に注目
「最近食べたのはどこでどんな場面でしたか?」(Where)
「なぜ、バーでチョコレートを食べたのだろうか?」(Why)

[考え]お酒と一緒にチョコレートを食べるという
楽しみがあるのでは?

②仮説を問いのかたちで立てる

● 5W1Hで仮説を立てる

大人の女性が(Who) お酒と一緒に(How) チョコレートを(What) 楽しめるカフェのようなバー(Where)があれば、新しいものが好きな女性に好まれるのでは?

スイーツや新しいものが好きな女性が、グループで来るから(Why)

③仮説を検証する

● チャンクダウン&アップを意識に問う
「お酒を飲むときに甘い物は食べますか?」
「お酒と楽しむなら、どんなチョコレートがいいですか?」

〈情報をうまく使うための問い②〉

「意見」は前提を問う

仕事で誰かの意見を聞くことも多いでしょうが、それをすべて受け止めていたら、何も進められなくなってしまいます。

意見を聞いたときは、

「こんなことを言っているこの人が前提にしてるものは何だろう?」

という問いを持ちながら話を聞くことを意識してください。

たとえば「今日は暑いね」という何気ない言葉でも、その人が前提にしているものがあります。寒い地域出身の人なのか、暑い地域出身の人なのか、もしくは、どんな服装をしている人なのかといったことでも、前提が違えば同じ28度でも暑い寒いは違ってきます。

実際、同じ日にコーチングのセッションを受けた参加者の方でも、「今日は暑い」

と言う人もいれば、「今日は比較的涼しい」と言う人もいるのです。つまり、同じ環境を体験していても、前提にしているものが異なれば感じ方も異なるということです。

仕事でも、たとえば得意先に出す提案書について何人かに意見を聞いたときに、まったく違う意見が出てくるかもしれません。それをただ鵜呑みにするのではなく、

「なぜ、この人はこのようなことを言うのか？」

「どんな前提でこのようなことを言うのか？」

を考えながら取り入れていくほうが、課題の本質に近づきやすくなります。

一方で、自分のほうにも、「自分」というフィルターがかかっています。

好感を持てる相手の言うことは素直に聞けても、好感を持てない相手の言うことは否定的にとらえてしまうものです。自分にとって耳の痛いことはそもそも聞きたくないでしょう。それぐらい私たちは無意識に情報を歪めて扱っているわけです。歪んだ情報で答えを見つけようとしても、なかなかうまくいきません。

まずは、自分の見方についても「フィルター」がかかっていることを前提に、話を聞くことを心がけてみてください。

データのバイアスを疑え

今はネットが情報源の一つとなりましたが、「何かを調べて」と言われ、ネットでランキングなどを検索して、それで終わりにしていないでしょうか？　「ネットで見ると、こんなものが流行っているので」ということを根拠にしていないでしょうか？　それは本当に「根拠」として使えるデータなのか、実はアンケートの回答者が偏っていたり、何かのバイアスがかかっていることはないか？

出てきた**情報やデータに対しては、ぜひ「本当にそうなのか？」という問いを立ててみてほしい**のです。

中央省庁やシンクタンクで出す白書であっても、その情報が加工されたプロセスや言葉の定義を確認してみないと、リサーチの目的に本当に合うものかはわかりません。

マッキンゼーでは、そのような二次情報をもとに戦略を立てるようなことはしません。自分たちの足で探した一次情報をもとにするか、もしくは情報の出所に直接出向いてインタビューをして、情報の根拠や意図を必ず明確にします。

〈問題解決のための問い〉

「問題」を問題でなくす2段階の問い

仕事に「問題」はつきものです。

しかし、本当に「問題」の正体をつかんだうえで仕事をしているでしょうか？　そもそも、自分が「問題」と感じているだけで、実際にはなんの問題でもないことだってあるのです。

仕事上で「問題」と認識してしまうのは、その物事に対して「どうしよう？」という迷いや不安が生じるから。**きちんと筋道を立てて考えることができないときに、人は「問題を抱えてしまっている」**と思う傾向があります。

そうであるなら、筋道立てて考えられるように「問い」を立ててあげれば、問題は解決したのも同然です。そのためのアプローチは簡単です。ここでは、次のように2段階で「問い」を立ててみましょう。

1「そもそも何が問題なの？」と問う

自分たちのチームの成績が良くないとき、まずは「そもそも何が問題なのか？」という問いを立てます。「成績が上がらない」「では、すぐに上がる方法を見つけよう」と焦ってはいけません。

まずは、「問い」の3ステップに沿って考えてみましょう。

①まず状況をちゃんと見る＝本質をつかむ

・状況を5W1Hで考えてみます。

「いつから成績が悪くなったのか？」（When）↓一時期売上がピークを迎え、その後下がっている

「どんな顧客の伸びが悪いか？」（Who）↓新規顧客が減っている

「どこの顧客の伸びが悪いか？」（Where）↓新たに広げたエリア

「どんな営業をしているか？」（How）↓既存の顧客は大事にしているが、新規顧

客には訪問ができていない
・なぜ成績が悪くなっているのか？（Ｗｈｙ）↓成績が悪いというよりも、伸び率が悪くなっている

②仮説を問いのかたちで立てる

①の問いに答えたことで、「新規開拓がうまくいっていないのではないか？」という問いが出てきたとします。

さらに深掘りするために「So What ?」と「Why So ?」の問いを使ってみます。

・「So What ?」（何がうまくいっていないの？）➡新規顧客への説明やフォローがうまくできていない
・「Why So ?」（なぜ、うまくいっていないの？）➡既存の顧客対応に時間がかかっている

ここまでで、「既存の顧客対応に時間をかけていて、新規に手が回らないのではないか？」という仮説が出てきました。

ここで、問題や事象はいったん置いて、次のステップの問いをします。

2 「そもそも自分たちはどうしたい？」と問う

もともと自分たちはどんな目標や信念を持っていたのかを問い、本当のゴールイメージを明確にします。

そこで、昔からの既存顧客との関係を大切にしながら、既存顧客のビジネスを伸ばすような提案をして喜んでもらいたいという目標や信念が再確認できたとします。

さらに数字を分析しても、新規顧客を開拓することで得られる収益よりも既存顧客に新たな提案を行なって得られる収益のほうが大きかったとすれば、そもそも自分たちは無理に新規開拓をするよりも、既存顧客との関係を深めることに時間やコストをかけたほうがお互いにハッピーだということがわかります。

そこに気づくことができれば、最初は「問題」だと思っていた「新規開拓がうまくいってない」ということも問題ではなくなります。

残念ながら、こうしたことはよくあります。原点に「顧客にやさしい存在でいなければならない」と掲げていたとしても、いつの間にか「月に○件のノルマ」といったようなものに邁進するようになり、原点を忘れてしまうのです。こうして自身の視野を狭くすることで、失敗してしまうケースも少なくありません。

そんなときも「そもそも自分たちはどうしたい？」という問いは、自分たちの軸をブラさないために必要な問いとなりうるのです。

本当にそれは大事なことなのか？

私たちが「問題」ととらえているものの多くは、目に見えて表面化しているものです。「新規開拓がうまくいっていない」「売上が低下している」という問題はとらえやすいのですが、「そもそも、なぜそうなるのか？」「本当にそれが大事か？」という根本の問題を「問い」によって掘り起こさないと、同じ問題はずっと起こり続けます。

コンサルティングの世界では「モグラ叩きをしてはいけない」と言われます。**「そもそも、どうあるべきなのか？」という、あるべき姿を問いで明らかにすることで、問題そのものを根本からなくすことができる**のです。根本の問題を放置して、次々現れる問題を叩いても意味はありません。

問題を問題でなくす2段階の問い

【1】「何が問題なの?」

①まず状況をちゃんと見る=本質をつかむ

●状況を5W1Hで考える

「いつから成績が悪くなったのか?」(When)➡一時期売り上げがピークを迎え、その後下がっている

「どんな顧客の伸びが悪いか?」(Who)➡新規顧客が減っている

●さらに深掘りする

「So What?」(何がうまくいっていないの?)➡新規顧客への説明やフォローがうまくできていない

「Why So?」(なぜうまくいっていないの?)➡既存の顧客対応に時間がかかっている

②仮説を問いのかたち「なぜ?」で立てる

●5W1Hで仮説を立てる

「既存の顧客対応に(Who) 時間をかけていて(What)、新規顧客に手が回らないのではないか?」

【2】「そもそも自分たちはどうしたい?」=本当のゴールイメージを明確にする(どんな状況になりたいか?)

「もともと自分たちはどんな目標や信念を持っていたのか?」

[結論] 無理に新規開拓するよりも、既存顧客との関係を深めることに時間やコストをかけたほうがお互いにハッピーだ

高速で「問い」を立てて検証する

――「すぐ動く」ではなく「すぐ問う」人が成功する

この章の最後に、「問い」を回しながら仕事をしていく、ということについてお話ししたいと思います。不確実なこの世界を生き抜くうえで必ずや必要になると思います。

仕事術の一つに「ＰＤＣＡを回す」というものがあります。ビジネスパーソンの方なら日常的に意識している人も多いと思います。

「ＰＤＣＡ」とはＰｌａｎ（計画）→Ｄｏ（実行）→Ｃｈｅｃｋ（評価）→Ａｃｔ（修正）のサイクルを仕事の中に取り入れることで、より実効性を高めていくこと。

これを「問い」でもやってみるのです。

コンサルティングやコーチングの現場にいるとよくわかるのですが、できる人ほど「良い問い」をたくさん投げかけ、それによって周囲を動かし、結果を検証してまた新たな問いを立てる、ということを日常的にやっています。

・問題点を考える　Ｐｌａｎ（計画）
・仮説の問いを立てる　Ｄｏ（実行）
・検証する　Ｃｈｅｃｋ（評価）
・仮説を修正して実行する　Ａｃｔ（修正）

「それって本当に重要なのかな？」「みんなが実現したいゴールは何？」というような本質に迫る問いを繰り返すことによって、自分や周囲の人に新たな気づきが生まれ、それによって壁を破っていくわけです。

実務ベースでの「ＰＤＣＡ」も、もちろん重要なのですが、そもそもＰｌａｎ（計画）を立てる時点で何をゴールにするかの「問い＝仮説」が見当違いだったら、せっかくＰＤＣＡを回してもいい結果は出ません。

たとえば、若者のクルマ離れが進んでいるのは「車両代や駐車場・ガソリン代などの維持費が高いからなのでは？」という「問い＝仮説」を立てて、必要な時だけ使えて、維持費も駐車場代も不要なカーシェアリングビジネスを、競合他社よりもリーズナブルな価格帯で立ち上げたとします。

けれども、いろんな販促を「ＰＤＣＡ」で回したのに、思ったほど利用者が増えなかったとしたら、クルマ離れ＝コストの問題だけではないのかもしれません。

実際、ソニー損保が行った「新成人のカーライフ意識調査（２０２１）」で、「クルマを購入するつもりがない」と回答した新成人にその理由を尋ねたところ「事故などのトラブルを回避したい」「他の交通手段が充実しており、クルマは必要ない」といった意見が、経済的負担の次に多く見られました。ということは、そこからさらに「若者のクルマ離れはコストの問題だけではないのでは？」という新たな「問い＝仮説」が立ち上がってきます。するとまた別の販促策も考えられるでしょう。

もっと深掘りしていくと「この状況はクルマと消費者の関係をどう変えるのか？」という問いにもなってきます。昨今、密を回避できるレジャーとして「グランピング」や「デイキャンプ」などが若者の間で人気を集めていますが、そうしたアウトドアとクルマの親和性を打ち出すことで、新たなユーザーを獲得できるかもしれません。

このように、「若者＝クルマ好き」という前提すら崩壊するような変化の時代には、実務ベースの「ＰＤＣＡ」を回す以上に、高速で新たな問いを立てて検証することが重要になってくるという意識が大切なのです。

「問い」が早いほど可能性が広がる

すべては問いから開けていく。私は、本当にそう思っています。もっと言えば、人間の可能性を開いたのも「問い」だったのではないかと。

飛行機で空を飛ぶということも、昔の人たちには夢でしかなかったわけですが、「鳥が空を飛べるのであれば、同じように何らかの飛行力学に基づいたものをつくれば飛べるのではないか?」という問いを過去の偉人たちが持ったことで現実のものになりました。

このように、人間はいつでもどんなときでも「問う」ことができます。問うことは、そのまま新たな可能性を広げることを意味します。

もちろん「問い」ですから、そのまま断定するものではありません。あくまで可能性です。「~すべきか?」「~できないか?」という**問いのかたちにして、断定しない**

からこそ、他の可能性の余地を常に残していることになります。したがって、もし「問い」によって出した仮説が違っていれば、すぐに他の可能性を問い直すことで、早く答えを探し出すことができるのです。

もし「問い」をせずに「これだろう」と断定したり、何も考えずにそのままの状態を続けるのであれば、相当間違った状況になるまで気づくことができません。

たとえば、ある国で自転車需要が増えているが、自転車生産が追いついていないという情報をもとに「中古自転車の輸出ビジネス」を展開したとします。

このとき、「中古自転車を売るべきか?」という「問い」ではなく、「中古自転車は売れる」と断定してしまうと、中古自転車を売ることに都合のいい情報だけを集めてしまうことになりがちです。

もし、中古自転車よりも安くて品質もそこそこの新車の自転車生産を手がけるベンチャーが出てくれば、やはり中古よりも新しいものがいいというユーザーが増えて売れなくなるかもしれないわけです。

「中古自転車を売るべきか?」という「問い」であれば、まだ断定はしておらず、ネガティブな要素も含めていろんな可能性を探るので、思い込みを避けることができます。

ここで大事なことは**「問う」ことによって出てくる解に絶対的な正解はないということ。**状況が変われば正解も変わってしまいます。**その時点での「最適解」はあっても、正解はない**のです。

ですから、早い段階から「問い」をする人ほど、その時点での様々な可能性を早く見つけ「最適解」に沿って行動することができます。

問いをせずに絶対的な正解と決めつけて行動する人よりも、リスクを減らして成果を手にしやすくなるのです。

第3章のPoint

[問いの3ステップ]

①「問い」で本質をつかむ
②仮説を問いのかたちで立てる
③仮説を検証する

[脳を拡散・収束させる問い]

- 5W1Hで状況を確認する、仮説を立てる
  Who(誰が?)

  Why(なぜ?)

  What(何を?)

  When(いつ?)

  Where(どこで?)

  How(どのように?)
- 「根本」に近づく問い
  「そもそもどうか?」「一番〜なのは何か?」
- 深掘りをする問い
  「So What?」(つまり、何?)「Why So?」(それは、なぜ?)
- Pain or Gain
  「この商品の売りは、PainかGainか?」

  「この商品は、顧客のどんな問題を解決するか?」

  「この商品は、顧客にとってどんなプラスになるか?」
- フレームワーク思考
  「3C」の場合、「顧客」「競合」「自社」など

第4章 他人と自分を動かす「問い」の伝え方

人を判断するには、どのように答えるかより、
どのような問いをするかによる

ヴォルテール（哲学者）

人間関係の悩みは「問い」で解決する

──「どうして？」という問いで人は動く

この本を手に取っていただいている皆さんの多くは、仕事や自分のやるべきことで、様々な悩みと遭遇する瞬間があると思います。

そこで考えてほしいのですが、そうした悩みにはほとんどと言っていいほど「他者」がかかわっているのではないでしょうか？

心理学者のアルフレッド・アドラーは「結局のところ、我々には対人関係以外の問題はないように見える」と言っています。

価値のギャップを埋める

上司が理不尽な指示を出してきたり、部下が思うように動いてくれなかったり、自分の考えが周囲にわかってもらえなかったり、取引先とのコミュニケーションがうまくいかなかったり、顧客やユーザーからの要望にうまく応えられなかったり……。

仕事の悩みは、そのまま人間関係の悩みと言い換えてもいいぐらいです。ですが、そうした**仕事の悩みも「問い」を立てることでコントロール可能なものに変えていくことができます**。

複雑そうに思える仕事も、突き詰めていくと本質的には「何らかの価値を出す」ことができればいいわけです。ただし「価値」は、自分だけがそう思っているだけで成立するものではなく、相手が価値を認めてくれてはじめて生まれます。

ですから一方的に「これをやりました」「これをやってほしい」と相手に伝えても、相手がその必要性や価値を認めなければ意味がありません。そのギャップを埋める必要があるのです。

仕事の悩みのもとになる「価値のギャップ」を埋めるためには、相手に対して「愛のある問い」をすることです。

突然、「愛」という言葉が出てきて戸惑われるかもしれませんが、これは結構大事です。なぜなら、どんな仕事も最終的にかかわってくるのは人間の気持ちだからです。どんなに仕事のシステム化が進んでオートマティックに処理されていたとしても、その結果を手にするのは感情のある人間です。

人間は自分のことを理解されたい生き物です。それなのに、その気持ちを無視されたりスルーされて物事が進むと、どうしても感情的に受け入れられないものです。そして、そこから、様々な問題が発生してしまいます。

そうした事態を避けるためには、お互いが相手のことを「認める」ということが必要になります。ただし、どれだけ自分の中で相手を認めているつもりでも、そのままでは相手に伝わりません。そこで「愛のある問い」をして、相手の存在を認めていることを伝える必要があります。

ジャッジしてはいけない

たとえば、自分が頼んだことを相手がきちんとやってくれなかったときに「どうして、やってくれないんだ！」と問うのは、その根底で「あなたがやったのは悪いこと」と、相手に対して判断（ジャッジ）をしてしまっているということです。

頼んだことをやってくれなかったのは、相手に自分が頼んだことの価値がうまく伝わっていなかった可能性が高いと言えます。この「価値のギャップ」を埋めるには、相手を非難しても仕方ありません。

必要なのは、**相手の価値観を知るための問いをすること**です。

「そのやり方をしたのはなぜ？」と問うのなら、そこには相手を悪と決めつけるジャッジは含まれていません。

相手がなぜそのようにしたのか、相手がどう思っていたのかを知ろうとするのは「愛のある問い」です。**問い詰めるのではなく、「どうしてそういうふうにしたの？」と相手の行動の裏にある考えや気持ちを知ろうとすれば、相手は、自分のことを理解しようとしてくれているように感じ、比較的素直に向き合ってくれます。**

もちろん、そこで起きていることは、あなたにとって愉快なものではないかもしれません。

ですが、そうなったのはこんなバックグラウンドがあったからなんだなと理解できれば、次からどうすればギャップが生じないようにできるかという課題に、お互いに向き合いやすくなります。

一般的に「愛」の対義語は「憎しみ」と思われがちですが、マザー・テレサは「愛の反対は無関心だ」と言いました。私もその通りだと思います。

憎しみや不満は、ふとしたことがきっかけで変わったり、なくなったりする可能性もありますが、無関心はそもそも関心が向いていないわけですから、関係が改善するきっかけすらないわけです。

仕事においても、相手に無関心で「ただ、やってくれればいい」というのでは、相手も「ただの作業」としか受けとりません。そうではなく最初から**「あなたなら、どんなふうにやれる?」という愛のある問いを向ければ、相手も自分のことを考えて頼んでくれているのだと感じることができます**。すると、同じことを頼んだとしても、「作業」以上の仕事をしてくれるようになるのです。

人間は相手から信頼されていないのではないかという不安や憤りを感じていると、

いいアイデアなんて出てきません。

そうではなく、相手が自分のことをちゃんと見てくれている、自分の存在や可能性を認めてくれているのだと感じることができれば、自由にアイデアが出てきます。

どちらのほうが仕事がうまくいくか、おわかりになると思います。

これは言い換えれば、**常に相手に対してニュートラルでいられるか**ということ。

「いい問いができる人になるために最も重要な資質は何か?」と言えば、実は、効果的な問いのできるノウハウを使いこなせることでも、問いのできる知識に精通していることでもありません。それは「かかわる人に対する愛」だと考えます。つまり、「愛」とは相手の価値観を尊重すること、気遣うこと、理解するということ。

思い返してみるとマッキンゼーや仕事で会った優秀なリーダーには、ニュートラルという意味での愛にあふれた人がたくさんいました。誰に対してもどんなときでも可能性と未来を信じているので、ゼロ発想で無邪気に「それって本当に大事かな?」というような「問い」を発してくれるのです。

だからこそ、クライアントや仲間とも、仕事を進めるうえで、お互いの個性や違いを受け入れつつ、目的を共有し達成できたのだと思います。

このように「問い」は、人間の繊細な部分にも触れるような力を持っています。その問いから触発されて、「そうだろうか?」とその可能性も考えてみようという気持ちにもなります。

つまり、問いは**「他の可能性の余地」もあるという気持ちのうえでの余裕を生み出すので、いったん、その問いを受け入れることができる**わけです。

問いを出すことは相手のことを決めつけたり、打ち負かすことではありません。問うという行為の根底にあるのは、相手を「尊重、共感、許容」する働きです。

Googleが大切にする「尊重、共感、許容」の力

Googleが社内で「目標を常に上回る働きをする社員の共通パターン」を調査・分析したところ、チームとして高いパフォーマンスを生み出すことと、チームの

特徴（どんなタイプの人がいるかなど）や、チームの雰囲気（規律が厳しいなど）には関係がないことがわかりました。つまり、オープンで自由な雰囲気のチームであっても、リーダーが指示型で厳しいチームであっても、成果には関係ないということです。

そこで別の角度からさらに分析したところ、浮かび上がってきたのは、**「他者への尊重、共感、許容」**といったメンタルの要素が高い人たちが集まっているチームは共通して、生産性が高くチームの業績も高かったそうです。

チーム内で「あいつはこういう人間だから」と決めつけられることなく、メンバーの個性が尊重され、いろんな意見や問いを出し合える。そうした**「心理的な安心感」や「受け入れられている信頼感」があることで人は活動しやすくなる**わけです。

もし、皆さんのチームがギクシャクしてうまくいってないなと感じたら、どこかでメンバーのことを「彼はこんな人だから」と決めつけてしまっていることが原因になっているのかもしれません。

そのような場合には、「他者への尊重や、共感、許容」を築けるような問い、たとえば「現状をどんなふうに思っていますか？」というような問いから、相手との関係を良くすることもできるのです。

相手を動かす「問い」の大原則
――「何でやらないんだ？」より「やりたくならないのは何でだろう？」

ここから、具体的な使い方を見ていきましょう。

先述したように、自分や相手を動かすための「問い」の中にはジャッジ（判断）や誘導は含めないことが大原則です。

相手に何かを確認したいときも「○○なんじゃないですか？」という問いは、ジャッジや誘導が含まれているのでしないほうがいいでしょう。それよりも「○○でよいですか？」「どうして○○なんですか？」とニュートラルな視点で問うようにします。

ニュートラルな視点とは、自分のジャッジや意見をいったん脇において、無邪気になって何が起きているのだろうと、知ろうとする視点です。言い換えると、起きていることから「学ぼう」とする学習の視点です。

たとえば、相手が自分が望んでいることに応えてくれなかったときも、相手の行動だけを見て、

「何でやらないんだ？」

と問うのではなく

「やりたくならないのは何でだろう？」

と、相手の内面につながる問いを自問自答してみると、相手と同じ目線で物事を見ることができ、そこから学びや気づきが出てきます。

よくあるのが、「うまくいかない」と嘆いている部下に向かって、

「いい加減にやってるからじゃないの？」

などという問いです。この問いには相手が適当なことをやっているからうまくいかないんだという決めつけが入ってしまっています。

そうではなく、

「何が結果を出すことを止めてしまっているんだろう？」

と問いかければ、相手が無意識でやっていることや避けていることにアプローチし

相手が動いてくれる問い

- **可能性を広げる問い、相手に考える余地のある問い**

「〜だったらできる?」
「◎◎の件、どうですか?」

- **相手の気持ち・心情に触れる問い**

「どうして〜なの?」

やすくなります。

なお、**相手を動かしたいとき、育てたいときは、ニュートラルな視点からお互いがかかわり合える範囲を広げ、対等にかかわれるようにすること**がポイントです。そのためには、**自分のジャッジで相手を決めつけないで、可能性を広げたり、相手の心に迫る質問**をしていきましょう。

「問い」は、対等な視点を持ち出して、お互いが素直に向き合う空気をつくりやすくしてくれるのです。

〈相手を動かす問い①〉

言いづらいことは「問い」からはじめる

――「こういうことも可能ですか?」

ときには誰かに無理なお願いをしなければならない場面があります。そんなときにも「問い」をうまく使うことでお願いを受け入れてもらいやすくすることができます。

「これできませんか?」

という言い方を一般的にはやりがちですが、これでは相手に先にやってほしいことを手渡してから言っているような感じで、受けとった側は少し重荷に感じるかもしれません。そこで、

「こういうことも可能ですか?」

という問いに変えると、お願いしようとしていることは同じなのに、なぜかポジティブな感じがして、受けとる相手も気持ちが楽になります。

また、上司がこちらの頼んだことを忘れていたようなときは、なかなかそのことを指摘しづらいものです。

そのときに「○○の件、忘れてませんか？」という言い方だと、上司はあまりいい感じがしません。

そこで、**「○○の件のご相談なのですが……」**というように、相手が気づきやすいような要素を入れながら問うと、思い出してもらえる可能性が出てきます。

――「選択肢」を提示する

他にも、何かをお願いしたいときや、相手があまり喜ばないような提案をしなければならないときは、**選択肢と、それぞれのメリット、デメリットをあげて、相手に選んでもらう**、という方法もあります。

たとえば、あるサービスの値上げが必要になったような場合、ただ、「値上げします」と伝えるのではなく、

「値上げした後もそのままご継続いただくか、もしくは、今と同じ値段のBというサービスをお使いいただくこともできます」（選択肢を示す）

「値上げさせていただきますが、その分、メンテナンスの頻度は増やしますので、より安定的にお使いいただくことができます。今までと同じ値段のBというサービスもありますが、メンテナンスのサービスはついておりません」（それぞれのメリットとデメリットを示す）

というふうにすれば、相手に選択の余地ができますので、比較的受け入れてもらいやすくなります。

どんな場合も人を動かす問いに共通するのは、相手を問い詰めたりするのではなく、相手の可能性を広げるような問いをすることです。

基本は相手に対する**「尊重、共感、許容」**を忘れないことです。

〈相手を動かす問い②〉

厳しい条件を呑んでもらう

――「事前に言っておけば大丈夫ですか？」

仕事をしていると、明らかに相手には不利だったり、受け入れてもらうことが難しそうな条件を呑んでもらわなければ物事が進まないケースがあります。

そうしたときに、何もせずにそのまま厳しい条件を相手にぶつけても、なかなか相手から「いいですよ」とは言ってもらえないもの。なぜなら、人は自分がいいと思っている前提を変えることには抵抗があるからです。また、自分が苦しくなることや、不愉快になったり自分に非があることを認めるような前提は、そもそも見たくないのが本音です。

たとえば、相手に利益の少ない条件を提示して「これでお願いできませんか？」「なぜ難しいのですか？」と問いを出しても、なかなか考えは変わらないでしょう。

なぜなら、相手は「利益の少ないことをやる意味を感じない」「利益が高い仕事をしたい」という前提を持っており、それを変えることにメリットがないからです。

この状況を動かすには、**相手にとってのインセンティブ（大切なことやメリットと感じること）が担保されることを示せるような問い**をする必要があります。


具体例を交えて紹介しましょう。

日常の仕事でよくあるのは、相手に無理なスケジュールを承諾してもらいたいときでしょうか。

このとき「このスケジュールでやってもらえませんか？」とストレートにぶつけても「いや、ちょっと無理ですね」と言われるのがオチです。

そこで、相手のインセンティブにつながるような「問い」をしてみます。

たとえば、プライベートな時間を大事にしたいという価値観を持っている相手なら、「最近、残業増えてますか？」と問いかけてみる。

すると「急な対応が多くてどうしても残業が多いんだよね」という答えが返ってきたとします。それならば「ちょっとスケジュールは厳しいんですが、事前にお願いしておけば頼めますか？」というアプローチもできます。

この場合、もし、相手にとっては「急な対応ではなく、スケジュールを事前に確保できるなら残業はしないで済む」ということがインセンティブであれば、無理なスケジュールでも仕事を引き受けてくれる可能性も出てきます。

インセンティブをいかに知るか

といっても、相手の「インセンティブ」が最初からわかることは少ないでしょう。そのときに必要なのは、相手のインセンティブを理解するための問いです。相手は、物質的なものにインセンティブを感じるのか、それとも精神的なものに感じるのかによって、何を条件として提示するかが違ってきます。

たとえば、公益性のある活動のために、できれば数万円単位で相手から寄付を募りたいとします。当然、簡単にお願いできるものではありません。

なぜなら、人は自分にインセンティブがないものには、なかなかお金は使いたくないという傾向があるからです。

よって、①相手のインセンティブが何かを知り、②寄付をすることが、そのインセンティブにつながれば、寄付をしてもらえる可能性も高まります。

インセンティブは相手が大事にしている価値観ともつながっています。ただし、いきなり真正面から「あなたが大事にしている価値観は？」と問いを投げかけても、なかなか答えは出てこないものです。なぜなら、自分が大切にしている価値観を、自覚している人は多くないからです。

ですから、少し角度を変えて、

「最近、何に一番関心がありますか？」

「最近、心が動かされたことは何ですか？」

というような問いをしてみます。

そうすると、たとえば「海外のドキュメンタリーで教育を受けられない子どもたちの問題を取り上げていたのが気になった」というような具体的な答えが返ってきやすくなります。

そうすると、そこから「子どもたちの教育のための有効なプログラムを支援することなるお金の出し甲斐がある」というその人のインセンティブをつかむこともできるわけです。そして、その点を訴求して寄付をお願いすれば、寄付を出してもらえる確率も高まります。

さらに、その支援をしてもらっている人には、毎年、世界のどこかの子どもたちから感謝を伝える直筆のポストカードが届くというようなことも示せれば、より一層相手へのインセンティブを強化できます。

あるいは、相手が金銭的なインセンティブを大事にしているのであれば、公益性のある寄付に対する税金控除などの金銭的メリットを伝えることも必要になるでしょう。

難しい条件を受け入れてもらうには、相手のインセンティブがどこにあるのかを最初に問うこと。

最初から自分のインセンティブを明確に言語化できている人は少ないので、より具体的な答えをもらえるように、相手の反応を見ながら問いを投げかけていくことがポイントになります。

否定されたときは「問い」で状況を変える
——「これを何かチャンスにできないか?」

プロジェクトなど、多くの人がかかわる場面で「君の言っていることは違うんじゃないか?」「そんなのはとても無理。何もわかってない」と否定され、ネガティブな状況になることがあります。特にこれまでのやり方を変えるような新しい提案をしたときなどによくあります。

そんなときは「自分が否定されている」「自分が攻撃されている」と受けとってしまいがちですが、そうなると、こちらも攻撃モードになって「いや、あなたもここが違ってるじゃないですか?」と、相手を否定したくなります。

そして、その状況を周囲で見ている人たちは困り果て、そのうえ、ちょっと引かれてしまうかもしれません。

お互いに攻撃し合っても、嫌な思いをするだけです。最初は、相手の意見や考え方に対してものを言っているつもりが、最後には相手を全否定することが目的になる。それでは、あまり生産的とは言えません。

そうならないために、ここでも「問いの力」を活用してみましょう。

「自分にとっての意味」を変える

第2章で、自分にとってあまり好ましくないような状況、困ったことが起こったときは「これを何かチャンスにできないか？」という問いを立ててみる、というお話をしました。これは人間関係でも同じです。

否定的なことを言われると、ついムッとしてしまう、という方もいるかもしれませんが、そこをあえてポジティブにとらえ、真逆の方向から問いを立ててみるのです。

もちろん、すでに起こってしまっているネガティブな状況に変わりはありません。ですが、**その起きた状況を変えることはできなくても「自分にとっての意味」を変えることはできます。**

たとえば、先ほどの例のように、新しい提案に対して激しく否定されるような出来事があったとき、

「なぜ、みんなあんなに攻撃的になったのか？」

という問いを立ててみます。そこから思考を深めていくと、みんなの顔に不安の表情が出ていたことを思い起こすかもしれません。それなら、みんなを安心させるような材料を先に出すべきだったという学びが生まれます。

その学びをもとにして、次回はもっとみんなの「心の声」を探るようにかかわってみようと考える。ここまでできれば、もうネガティブな状況ではなくなっています。「問い」によって、好ましくない状況が、そこから気づきを得るという一種の成功体験に変わったわけです。

「ここから何が学べるか？」

相手が「いいから言う通りにやれ」という高圧的な態度の場合、心が折れてしまったり、「自分のやり方があるのに」と抵抗を感じることもあるかもしれません。

そんなときは、自分の視座を上げて「なぜ、とにかくやれと言うのだろう?」と上司視点で問いをしてみます。そうすると「質よりも速さを求めているから」という答えが見えてくるかもしれません。

このように、どんなときでもその状況を自分の学びに変える姿勢や素直に受け入れてみようとする姿勢を、仕事ができる人は持っています。

素直さというものも仕事をするうえでは必要ですから、まずはやってみたうえで「ここから何が学べるか?」という問いを立ててみましょう。

私もマッキンゼー時代から、たくさんのすごい人を見てきましたが、**本当にすごい人ほど良い「問い」を立てると同時に、素直なのです**。何でもかんでも自分のやり方にこだわらない。まず、それでやってみよう。そしてうまくいかなかったら、そこで違う仮説を立ててまたやってみよう。そんなふうに行動のサイクルを速く回しているので、結果的にすぐ軌道修正できて早くゴールにたどり着くことができます。

そもそも優れた問いを立てられる人は、自分が絶対的に正しいとは思っていません。その分だけ発想が柔軟でいろんな意見を取り入れたり、ゼロ発想でこれまでになかったやり方を試して成功することができるのです。

〈ブレスト・会議で使える問い①〉

場を観察して問いをする

――「今、何を感じていますか？」

会議やブレストで**筋のいい問いができる人は、「場の空気」をていねいに見ています。**

これは「空気を読むだけで何も言わない」ということではありません。今、その瞬間のみんなの雰囲気を見て感じて、そのときに必要な問いを出しているということです。

みんなが乗り気ではないのか、疲れているのか、本質から外れてしまっているのか、リラックスが必要なのかといった「場の空気」をつかんで、そこから問いを投げかけています。

私がチームビルディングや、ファシリテーターをするときも、一番見ているのは「場の空気」です。

極端な言い方をすれば、それぞれのメンバーが何を言っているかはあまり気にしません。飛び交っている内容よりも**「どんなメンタルか？」「どんなふうに言っているか？」「場の空気がどう変化しているか？」**ということを注意深く観察しています。

なぜなら場の空気が良い方向に流れていれば、どんな内容であってもいい結果になることがわかるからです。

たとえばブレストを行っていて、みんなの思考が固いな、一方向に偏っているなと感じたら、あえて、

「それって本当に大事なのかな？」

と無邪気な問いを発してみたり、無理に一つの方向に持っていこうとしているのが見えたら、

「今、みんなは何を感じてる？」

と、いったん、その流れを止めるような問いを発してみたりするのです。

また、よそよそしい雰囲気があれば、

「今ちょっと固い雰囲気を感じますが、皆さんは、どんなふうに感じていますか？どうしたら楽しめますか？」

という問いでその場の空気を変えることも可能です。

固まった場を動かす「大きな問い」

会議や打ち合わせをしているとき、参加者の思考が重たくなったり、議論が進まなくなったときは「大きく場を動かす問い」を意識してみましょう。

たとえば「今、何を考えていますか?」「今、何が起きていますか?」「今一番気になっていることは何ですか?」「何を大事にしたいですか?」というような問いです。

これらの問いは、状況を行き詰まらせている「枠」を取り払ってくれる効果があります。

反対に、こういうときに「優先順位をつけるとしたら?」というような問いが出ても、なかなか答えるのが難しいでしょう。答えられたとしても、相手の前提条件の中で答えてしまうため、大きく場を動かすようなものにはなりにくいと思ってください。

「拡散」と「収束」を使い分ける

どんな議論も「拡散」と「収束」を繰り返しながら進んでいきます。「拡散」とは、いろいろな論点や意見、アイデアが出て、議論が広がっている状態です。そして、一つの論点や意見などに絞り込んで、さらに深掘りしている状態が「収束」です。**大きく拡散したときには論点を絞り込むような問いが必要ですし、収束しすぎて可能性を十分に検討できないと思われたときは、「何がしたいのか？」「何が真の課題か？」などそもそもに立ち返るような問いや他の可能性も探る問いが必要です。**

たとえば、バラバラに広がった議論に対し、「ここでいくつかの論点が出ましたが、一番大事にすべきものは何でしょうか？」と問いかければ議論が整理できます。

また、一つの論点や表面的な話で凝り固まってしまっているときは、「そもそも本当に大事にすべきことは何でしょうか？」と問いを出して、一段深く考えてもらいます。

皆さんも、こうした「問い」を使い分ける力を身につければ、議論や会議を引っ張っていくことができるようになります。

〈ブレスト・会議で使える問い②〉

マイナスからプラスを生み出す

事例では、うまくいかないときのお話をしましたが、「問い」の力は、それまでそこに見えていなかったものをパッと浮かび上がらせたり、意識されていなかったものを意識できるようにすることができます。

無から有を生み出し「世界を変えてしまう」ほどの力を問いは秘めているのです。

そうした、多くの物事を動かせるような問いは何が違うのでしょうか。

本書でも繰り返しお伝えしていますが、前提条件にとらわれたり、思い込みから発せられるような問いは、共感されにくく、人を動かすことができません。

そうではなく、**ニュートラルな視点から生まれた問いは、みんなをハッとさせ共感を呼び起こす**ことができます。ニュートラルな視点とは、前提条件にとらわれていない状態のことです。

私が感銘を受けた問いの一つに、田坂広志教授が立てた問いがあります。田坂教授は有名なダボス会議を主催する世界経済フォーラムのメンバーの一人です。

２００９年のダボス会議で米国の宗教家、ジム・ウォリス氏がこんな趣旨の発言をしました。

「この経済危機が終わったとき、もしも我々が何も変わらないのであれば、この危機において苦しんだ多くの人々の苦しみは、すべて無駄になる」

そこから生まれたのがこんな問いです。

「この危機がいつ終わるかを問うより、この危機は我々をどう変えるかを問うべきではないか？」

２００９年と言えば、あの世界経済をどん底に落とし込んだリーマンショックの直後。世界経済の専門家たちは、どうすればこの危機を脱せられるのかばかり議論をしていたところに、田坂氏はニュートラルな視点からハッとさせられる問いを投げかけたのです。

「この経済危機はいつ終わるのか？」

という問いは「経済危機がすべて悪い」「今の状態が悪である」という前提になっています。しかし、

「この経済危機は我々をどう変えるか？」

という問いは、経済危機が良い悪いのジャッジをするのではなく、ニュートラルにそこから得られるものや、その先の未来を良くするための可能性について考えさせるものでした。経済危機は悪であり、早く脱しなければならないという「枠」を壊して、新たな可能性を開いている問いだと言えます。

それまで誰もが「これは悪いことだ」としか考えていなかったものが、この問いによって「逆に変化のきっかけにできる」というプラスの可能性をつくり出したのです。

もっと言えば、前者の問いは「恐れ」や「不信」からきているもので、後者の問い

は「愛」が根底にあります。

私たちは「恐れ」や「不信」から選択を迫られると緊張しますが、**「愛」のある選択には可能性を感じポジティブになることができます**。どちらが多くの人に良い影響を与えられるかは言うまでもありません。


これは、世界経済のような大きな話ではなく、日常業務レベルでも同じです。

「この売上減のピンチをどうするか？」

という問いでは、なんだか胃が痛くなりそうですが、

「この売上減のピンチは我々をどう変えるか？」

という問いなら、状況が深刻であっても前向きなことを考える余裕が生まれてきます。この問いのわずかな違いが、あとあと大きな違いとなってくるのです。

〈チーム力を上げる問い〉

4つの質問で「チーム」の流れが変わる

仕事でもプライベートでも自分一人でできることには限界があります。大きな成果を出すには周りの人の力が必要です。しかし、自分がどれだけやる気になっていても他の人が、それほどその気になっていなければ空回りしてしまいます。

仕事のチームはもちろん、家族や恋人、仲間と一緒に何かをするときでも、自分と同じように動機づけられているかどうかはとても大事なことです。ところが、周りの人に、同じような気持ちとエネルギーを持ってもらうのは難しいものです。

ここでも、**自分だけでなく他者も動機づけるための「問い」が大きな助けになります。**

たとえばチームで同じ目標に向かって進んでいきたいのに、みんなの気持ちがバラバラでうまくいかないとします。

「何で、みんなちゃんとやってくれないんだ？」と問い詰めても「こっちだってやってるよ」「他にもいろいろ忙しいんだ」と反発される可能性が大きいです。そこでチームをもう一度まとめ直すための問いをします。

このとき、うまく動けていないのは誰であるとか、何が悪いのかという犯人探しや原因探しをしたくなりますが、それは抑えて**「自分たちは、そもそも何をアウトプットしたかったんだっけ？」という原点に帰るような問い**をするのです。前に進むのではなく、あえてスタート地点に戻るような問いをするのがポイントです。

具体的には、次のような流れでチームに問いをしていきます。

①みんなの気持ちを吐き出させる……「今、何を思っていますか？」

メンバーの気持ちがバラバラになっているとき、プロジェクトなどへの求心力が弱くなっているときに再起動させるには少し時間が必要です。

まずは、みんなが何をどう感じているのかを一度吐き出してもらうこと。そのためには「今、どんなことを思ってる？」「何が嫌になってる？」「何が気になってる？」という問いで愚痴を聞くのです。

通常なら愚痴はネガティブな要素ですが、**すでにネガティブな状況で不満が渦巻いているときには毒出しのデトックスをしなければなりません**。あえて毒を吐いてもらうような問いが有効なわけです。

②みんなのゴールを問う……「そもそも、どうしたい？」

人間は、毒を吐いてしまえば、そうそういつまでも不満な態度ではいられないもの。基本的には楽しい状態のほうが好きなのです。

したがって、**一度スッキリしてから、そのうえで「そもそも、みんなでどうしたいんだっけ？」「何のためにやってたんだっけ？」という問いをします**。

すると「本当は、こうしたかったはずなんだけど」という当初のゴールが自然に口を突いて出てきます。そうなると「じゃあ、そのためにどうすればいい？」という前に進むための問いが出やすくなります。

③ みんなの強みを問う……「メンバーの良さってどういうところにある?」

残念なことにチームが崩壊の危機にあると、多くのリーダーはメンバーの表面的な態度や行動という側面しか見ることができなくなる傾向があります。

プロジェクトを頓挫《とんざ》させないために、誰が反発して、誰がまだ大丈夫なのかというようなところを追いかけ、問題がなさそうなメンバーで乗り切ろうとしてしまうわけです。しかし、それではチーム力は活かすことができません。

ここで大事なのは、**プロジェクトの内容に焦点を当てるのではなく「チームの人間力や関係性」に焦点を当てること**。「メンバーみんなの良さって何だっけ?」「みんなの強みや、大事にしていたことは?」という価値観や「チームで何が起きているのか?」「どうしたら良い関係性を持てるようになれるか?」といった関係性に光を当て直してみましょう。

④みんなの力をどう結集させるかを問う……「メンバー全員の力をどう使う？」

チームのゴールを再確認して、それぞれの強みを再発見できれば、ここで「チームみんなの力をどう使うのがいいだろうか？」とチームを再起動させる問いをメンバーに投げかけます。

メンバーのベクトルがそろった時点でこうした問いをすると、今度は自分だけの力を使うよりも、メンバー全員の力を合わせて使ったほうが、新たな展開が生まれそうな気がしてくるものです。そうなれば、チーム力を結集することが可能になるはずです。

「チーム」を同じ方向に向ける問い

①みんなの気持ちを吐き出させる

「今、何を思っていますか？」

「何が嫌になっていますか？」

②みんなのゴールを問う

「そもそも、どうしたい？」

「何のために、やっていたんだっけ？」

③みんなの強みを問う

「メンバーの良さってどこにある？」

「強みや大事にしていたことは？」

④みんなの力をどう使うかを問う

「みんなの力をどう使うのがいいだろう？」

〈気持ちを変えるセッション〉

変われない自分・相手には「キャラ化」の質問を活用する

ここからは、コーチングのセッションを取り入れた方法を紹介していきます。

ここまで本書を読んで「問いの力」や重要さはわかったけれど、だからといって「問い」が現実を本当に変えられるものなのか？　と疑問に思っている人もいるかもしれません。または、あなた自身が、「言っていることはわかるけど、実際にはできない」と思っているかもしれません。

こんなふうに、新しい何かをやるには、どうしても抵抗感があるものです。

そこでご紹介するのは、自分や他者の心を動かしていくのに有効な「キャラ化」で問いかけるセッションです。

相手が新しいことをやるのにどうしても抵抗があり、やっても無駄と感じている場合、もしかしたら相手は過去に新しいチャレンジをして失敗し、そのことを否定的に見られた経験があるのかもしれません。そのときに、とても嫌な思いをしたために「最初から冷めた感じ」になることで自分を守っている可能性もあります。

人が何かを躊躇《ちゅうちょ》するとき、たいてい根底にあるのは失敗そのものではなく、失敗に対する自分や周囲の評価なのです。

しかし、そのとき、相手に対して「なぜ変われないのか?」、もしくは自分自身に、「なぜ自分は変われないのか?」とストレートに問いを立てても、その原因を発見するのは、なかなか難しいでしょう。

こうしたとき、**自分や他者を動かすのに有効な方法が「キャラ化」で問いかけるやり方**です。これはコーチングのセッションで行なわれ、結果も出ているものです。まずは、実際のコーチングのセッションの雰囲気を紹介しましょう。

たとえば、相手が新しい仕事のやり方に賛成してくれないとき、通常なら、

「新しいやり方はどうしてもNGなんですね？　でも、どうしてそう思うんですか？」

「まあ、いろいろあって」

「以前にうまくいかなかったことで、いろいろあったんですね？」

「そんな感じ」

といった具合で、相手がなぜ新しいやり方を拒むのか、問いかけをしていってもなかなか直接的な理由が聞けないとします。

そこで「キャラ化」を使ってみます。

「今、動けないと聞きましたが、○○さんの中に誰かが入っているとしたら、どんな名前をつけますか？」

「『ぐずぐずさん』と、それを見ている『イライラ君』でしょうか」

「それは、○○さんではないとしたら、『ぐずぐずさん』は何を恐れていますか？」

「んー。自分の存在が否定されてしまうことですかね」

「その恐れから『ぐずぐずさん』は何と言っていますか？」

「新しいことには手を出さないほうがいいんじゃないかな、と」
「そんな『ぐずぐずさん』をもう一人のキャラクターは、どんなふうに見てますか？」
「残念そうに見てますね」

これは実際に私が行ったことのあるセッションを少し脚色したものですが、**自分の口からは直接的に言いにくいことでも、「キャラ化」した別人格にしゃべらせれば、抵抗感が薄れ、本当の気持ちを言いやすくなる**のです。

これは自分自身に対してもできます。その場合は、自分の嫌な部分をキャラ化して、それと対話してみるのです。
たとえばこんな感じでしょうか。

自分「どうして、会議できちんと意見を言えなかったの？」
ぐずぐずさん「だって、自分が言う必要はないと思ったし」
自分「でも、きちんと主張して企画を通したかったんじゃないの？」

ぐずぐずさん「それはそうなんだけど、だからこそ否定されると、そこですべてストップしてしまいそうで怖いんだよ」
自分「反対意見が出たら、一生、その企画はできなくなってしまうのかな？」
ぐずぐずさん「反対意見も取り入れてもっといい案にすればいいのかも」

こうしてみると、自分の嫌な部分に対して、客観的に寄り添いながら問いを立てることができ、うまくいかない心理的な原因や解決策が見えてきます。

自分でも無意識のうちにマインドブロックしてしまっているものを、キャラ化の問いによって壊す作業は、本当に自分のしたいことや気持ちを明らかにしていくことにもつながります。

そして問いによって出てきた「キャラ化した別人格」は自分のことであっても客観的に見ることができるので、「それは本当の自分ではない」と気づき、前向きに気持ちが動くことも少なくありません。

「問い」から得た気づきは自分を動かす

こうした良い問いを経験すると、**これまで問題だと思っていたものが、実は問題ではなく、もっと大事なことがあったという気づき**が生まれます。

たとえば、「やりたいことがあるけれど、やるべきことが多くて時間が足りない」というように時間に焦点が当たっていた人が、もっと別次元のこと、たとえば「本当にやりたいことに焦点を当てたら、やるべきだと思っていたことは不要であることに気づいた」というようなことも珍しくありません。

問いや質問には、これまで言語化できていなかったことに触れることができるという大きな力があります。

もし、最初から誰かが「これがあなたの問題なんじゃない?」と決めつけても「その通り」と腹落ちすることはまずないでしょう。仮に、そうかもしれないと思っても、具体的に行動しようというところまではなかなかいきません。

自分が本当に大事にすべきことは、なかなか自分一人では明確にできないもの。いろんな前提に自分がはまっていることに気づけないので、その枠を抜け出して新たな可能性を開くことが難しいのです。

チームで問いをし合ってもよいでしょう。みんなから「問い」をもらうからこそ、自分の枠では考えられなかったことに気づかされ、ハッとすることが出てきます。

質問する人も相手と一緒に探求することで、様々な問題を自分事として考えることができます。

他の人の問題を自分事のように考えると、そこから**「尊重、共感、許容」**が生まれるのでチームとしての結びつきも強まります。

第4章のPoint

良い「問い」とは?

[人に動いてもらう「問い」とは]

- 「価値」のギャップをつかむ
- ジャッジしない
- 可能性を広げる

[「問い」の例]

○「やりたくならないのは何でだろう?」
×「何でやらないんだ?」(判断)

○「何が結果を出すことを妨げているんだろう?」
×「いい加減にやっているからじゃないのか?」
(決めつけ)

- 「〜だったらできる?」
- 「◎◎の件、どうですか?」

第5章

「問い」の力で人生の質を高めよう

あなたの葬式に集まってくれた人に
なんと言ってほしいか？

スティーブン・コヴィー

問いで「新しい思考」と出会う

——「本当にそれしかないの？」

本書を読んでいただいている人は、自分の未来を今よりももっといいものにしたいという潜在的な想いがあると思います。

そのために大事なことは何でしょうか？

コーチングやコンサルティングをしていて感じるのは、**自分の未来に良いものを手に入れられている人に共通するのは「今の延長線上で考えていない」**ということです。

つまり、「未来志向」の考えを持ち、そこから問いを立てる力を持っているのです。

私たちはどうしても「今がこうだから、この先はこうなる」「自分はこんなキャリアだから、これしかできない」というように、今や過去の延長線上で未来のことを考えたり決めたりしがちです。つまり、常に「過去と今の自分」が未来の自分を決める前提条件になってしまっているわけです。そうなると、新たなことに挑戦しようとしても「自分には無理かな」というネガティブな気持ちがもたげてきます。

不安やネガティブな気持ちは、物事を進めるときのブレーキになります。ブレーキが強いと前に進むのは苦しいので、やっぱりやめておこうという気持ちになります。

そういった「今の自分」から抜け出すためにも「問い」を活用してほしいのです。

「思考のクセ」を見つける

新たな発想を手にするには、自分の「思考のクセ」を知っておくことも、大事です。

自分を縛っている「思考のクセ」を知るには、「本当にそうかな?」という問いをしてみます。たとえばこんな質問を自分で自分にしてみましょう。

「海外旅行と言えば?」

そのときに「ハワイ」「白い砂浜と青いビーチ」「花が飾られたフローズンカクテル」「大型免税店での買い物」といったイメージが浮かんでくれれば、自分が手軽なリゾートでのバカンスを好んでいるんだなということがわかります。

これも一種の思考のクセです。

本当なら、海外旅行と言っても、アジア、ヨーロッパ、アフリカ、アメリカ、オーストラリアなど地域も幅広く、旅行内容もツアーから自分で組み立てるもの、移動手段も徒歩や自転車を使うものなど様々考えられるはず。

これは、海外旅行に限ったことではなく、私たちは知らず知らずのうちに自分の枠からあらゆる事象を見ているのだということです。

問い直すことをしなければ、ずっとそうした延長線上で生きることになる。それでは未来を今よりも良いものにする方法が限られてきます。

仕事でも同じです。「自分はこんなキャリアだから、これしかできない」という過去と今の延長線上で考えるのをまずはやめてみる。

そして「まったくキャリアに関係ない異分野に挑戦した人は?」という問いを持ちながら、ネットや書店、友人知人から情報を得るようにしてみると、案外、それまでの自分にとらわれずに新しい挑戦をしている人の話がたくさん見つかるはずです。

五感の違和感を問う

——「おや?」という感覚を問いにする

ふと気づいたら、いろんなことがもう過去のことになっている。そんなふうに感じることが多くはないでしょうか?

今の世の中は、ものすごく流れが速く、しかもハッキリと先が見通せない時代です。まるで流れの速い濁流の中で流されないように必死で泳いでいるような感覚すらある人もいるかもしれません。

そうした中で「問い」の力を使い、良い問いを立てて、正しく自分を持ちながら進んでいくには、**自分を整えておくことがとても大事**になってきます。

なぜなら「これは本当なの?」「これって大事?」と問いを立てるには、頭で考えるだけでなく五感から受けとる「おや?」という感覚が大きく影響するからです。

視覚、聴覚、嗅覚、触覚、味覚の五感のどこかで違和感を感じとったときには「これは何？　どういうこと？」と問いを立ててみる。五感だから気のせいというのではなく、**むしろ頭で考える前に五感で感じた違和感は捨ててはいけません。**

私たちは五感を通して世界を体験しています。五感が整っていない状態で、頭で考えたことだけで物事を進めようとすると、どこかでつまずきが発生するのです。

たとえば、疲れていて資料の見間違いもミスもしているのに「もうひと頑張りしなくてはいけない」というのは、頭で出している悪魔のささやき。本当は少し休んで自分を回復させたほうが、パフォーマンスが上がるのに「休んでしまうともったいない」と頑張ってしまい、結果的にうまくいかなかった、という経験がある人も少なくないと思います。

本来は、疲労を感じていたら自分を整えてから取りかかったほうが、最小の力で最大の成果を出すことができます。

優秀とされている人ほど、ちゃんと休むことを知っています。**どんなに忙しくても**

自分と向き合い、自分を整える時間を確保しているのです。それなのに、なぜか多くの人はそれをしません。

人間関係もそうです。ＳＮＳでもリアルでもいろんな人とつながって、いろんなことに顔を出して、「いいね」やメッセージを返さなければ置いていかれるように感じている方もいるようですが、実際にそうなのでしょうか？

自分に本当に必要な関係を見極めて、大事な人とだけ必要なときに深くつながったほうが五感が整った状態を保つことができます。むしろ、そうした五感が整っている人のほうが、周囲から頼られたり好感を持たれるものです。

「ねばならない」から脱出する

――「自分が大事にしたいものは何か？」という問いを持ち続ける

心の底では「これは違うのでは？」と感じながらも、周りを見渡すと誰もそんなふうにやっている人がいない。

するとと「自分だけ変なことはできない。みんなに合わせねばならない」と、自分が出した問いを引っ込めてしまうケースがあります。

私たちの周りは「こうあらねば」「今までのやり方を守らねば」といったものに囲まれてしまっています。そこから抜け出すことは簡単そうで難しいと言えます。

私は、このことを「ネバーランドからの脱出」と呼んでいます。本当にその人が周りに合わせて生きることにしあわせを感じているのであれば別ですが、本心ではハッピーではないのに周りに合わせて追従するのはあまりいいことだとは思いません。

周りに合わせて不幸にならないためには、常に「自分はどうしたいのか」という問いを持っていることが大事になります。

自分が本当は何を大事にして生きていたいのかがわかっていれば、仮に瞬間的に周りに合わせないといけないことがあってもブレずに元の自分に戻ることができます。


けれども、そんなふうに自分を貫いて生きるのは難しいという人もいます。周りにロールモデルになる人がいない場合は、余計にそう感じるかもしれません。

自分を貫いてブレずに生きることを難しいと感じるのは失敗したときの恐怖がそうさせるからだと感じます。私たちが生きているうえでの前提条件に「成功は良いが失敗は悪」「失敗は恥ずかしい」というものがあるからです。

ここでとても大事なことを言いますが、**世の中に本当の意味で失敗なんてものはありません**。

「問うこと」を大事に生きていれば、うまくいかなかったとしても、たまたまその選択が合わなかった、もしくは違っていたというだけのこと。別の可能性を問い直してチャレンジすればいいのです。

一度で成功せねばならない。失敗は避けねばならない。そんなネバーランドからは脱出しましょう。

そもそも、世の中に存在するどのような前提も、絶対的に正しいものなんてないのです。その時点でそのシステムに合う人にとっては正しいだけで、環境や条件が変われば正しいとは言えなくなるものがほとんどです。

だったら、**自分がつくりたい前提を自分でつくればいい**。

もちろん、人を悲しませたり傷つけないという基本は守ったうえで、自由に「自分が大事にしたいものは何か？」を問いながら生きればいいのだと思います。

筋力がないと周りの人の影響を受けやすくなる

「問い」の力で人生を良い方向に開いていくということは、ブレない自分をつくることにもなります。

自分が問うことで見つけたやり方や生き方があっても、周りの人の影響を受けてすぐにブレてしまっていては、自分が納得して満足できるようなゴールには、いつまでもたどり着けません。

どうすれば周りの影響を受けないでブレずに進んでいけるのか。そのために大切なのが〝筋力〟をつけるということです。これは比喩ではなく、実際に体の筋力をちゃんとつけるのです。

筋力がない人は周りの人の影響を受けやすく、自分の問いや考えに自信を持てずに流されてしまいやすいからです。実際、多くの社会科学者の研究でも「筋力を鍛える習慣がある人は意思の力も強くなる」という相関が明らかになっています。

マッチョを目指すほどのことはしなくても、ある程度、自分の体やインナーマッスルに自信を持っているほうが、ハードな今の時代でも流されずに自分を保ちやすくなるということです。

単純に見た目でも、体の筋肉にちゃんと力が通っている人（筋肉量の多さではありません）は、この人の言うことは信用できそうという印象を与えやすいものです。自分とそれだけちゃんと向き合っているということの、一つの証でもあるかもしれません。

自分の体や思考に自信が持てるようになると、無用な焦りが減ります。五感も整えられているので、ムダなく最小で最大の成果を出せるようにクリアな思考で問いをすることもできます。人によっては「忙しい」という感覚がなくなるという人もいるぐらいです。実際はすごく忙しいにもかかわらず、すべてのことがムダなく流れるように進んでいけるのであれば、たしかにそんな感覚になっても不思議ではありません。

うまくいっている人には、いろんな協力者も現れやすくなります。そうすると、さらに自分一人ではできなかったことまでできるようになり、より人生が開かれていくわけです。

そうした「問い体質」になるためにも、ぜひ自分の五感を整えること、筋力をつけることを忘れずにやっていってください。

ときには問わない

――深刻な問題ほど一度離れてみる

1秒でも早く解決したい。複雑でどうしたらいいのかわからない。

深刻な問題と向き合わなければいけないことも、ときとして人生には出てきます。

そんなときに焦って「この問題をどうすべきか？」と問いを立てようとしても、気持ちばかり空回りして、なかなか「これが大事だ」「こうしよう」という道筋が見えてこないものです。

私の場合、**問題が深刻であるほど、一度その場から離れる**ことをしています。可能なら物理的にも離れてしまうのがベストです。

週末でも1日静かな神社や自然の中などを歩いて頭を空っぽにします。思考のデトックスのような感じです。もちろん、そのときにはスマートフォンなどは切っておくか、受信や着信があっても気にならない「おやすみモード」にしておきます。

1日離れるのが難しければ数時間でも構いません。とにかく、その問題から離れて静かに過ごせる時間を持つ。静かな公園で、好きな音楽を聴いて歩道をただゆっくり歩くだけでもOKです。


そうやって少しでも自分を整える時間を持ってから、また問題対処に戻ると、それまで詰まっていた思考がクリアになるのがわかるでしょう。「こうすればいいんじゃないか？」という考えがまとまったり、あるいは「そもそも気にしなくてもいい。次にいこう」と切り替えができたりします。

問いを立ててもうまく思考が働かないときは、そこで無理に頑張るのではなく、あえて問いから離れて何も考えない時間を持つ。そのほうがあとでクリアな思考で問いと向き合うことができ、結果的にいい答えが出てくるものです。

「振り返り」の問いをする

目標を立てたり、何かをはじめたときに、途中で「振り返り」の時間を持ち、進捗を確認したり行動を振り返ることをお勧めします。振り返りから気づいたことを生かし、さらにスピーディーに、より効果的に行動することができます。また、途中でも、何を達成したのか、どのような学びがあったかなどを確認すると、自分が成長した達成感も感じられ、それがモチベーションとなって、もっと行動しようという気持ちも高まります。

そこで、**定期的に「自分がどう変わったか？」「どんな知恵・スキルが身についたか？」を問う習慣**をつけてみてください。

こうして自分の変化を問うスパンは、できれば1カ月ごとにやるのがベスト。もちろん、大きな目標は1年単位で立てるのですが、その目標に対して自分がいつまでに

振り返りのリスト

目標：（目標を記入）

- いつまでに何を達成したいか？
- どんな状態になっていたいか？（ゴールイメージ）

〈1カ月ごとの問い〉

（月初）

- 1カ月後には何を達成したいか？

（月末）

- 当初の目標は達成できたか？
- 先月と何が違ったか？

◎達成できない場合

- どうしたら、もっとうまくいくか？

◎達成できた場合

- なぜ、達成できたのか？
- 何が良かったのか？
- どうしたら、さらに効果的にできるか？

どれだけ近づいているかを「問い」で確認するのです。

たとえば、来年の夏休みに「海外旅行の英会話に困らないようになる」という目標を立てたのなら、「1カ月後には、英会話スクールに通っている」「2カ月後には基本的な会話はできるようになっている」などと目標を立てたうえで、1カ月ごとに今の自分は目標に対してどうなのかを問うのです。

私がお勧めしているのは「トイレカレンダー」で問う方法。トイレは基本的に一人でリラックスできる場所。お風呂でもいいのですが、カレンダーを置くには向いていません。その点、トイレなら1日に何度か入るタイミングがあります。

トイレの中で誰にも邪魔されずカレンダーを眺めながら、自分の目標に対してどれぐらいの時間が経過したのか、できていることとできていないことは何かを問う。そうすると、この1週間でこれをやっておいたほうがいいなという気づきが生まれやすくなるのです。

こうして日々の生活習慣レベルで「問い」ができるようになると、問い体質が格段に強くなっていきます。これをやっている人とやっていない人では、1年後に大きな成長の差が出てきます。

「問い」でワクワクする自分を取り戻す

――「自分がお金を積まれてもやらないことは何か?」

多くの人が、これから先のことに対して漠然とした不安を抱えています。自分の将来のこと、この先の時代がどうなるのかということ。あるいは、状況が不確かなのに新しいことをやりなさいと迫られていること。

どれも正解がないことばかりで、日々一生懸命やっていても不安が拭えない。

そんな現実に対して、どう向き合えばいいのでしょうか。

「問い」の力で未来を開いていくには、まず「目の前のこと」に対して問いを立てるところからやってみましょう。

誰でも、子どもの頃は何かしらワクワクしていた瞬間があったと思います。そこには自分にとって大事にしたいことが詰まっています。大人になり社会人になったからといって、自分にとって大事にしたいことはそう変わらないものです。

そうであるなら、自分が大事にしたい価値観を誰かのために提供したり使いながら**「目の前のこと」をワクワクするものにできないか？**と問うのです。

たとえば、子どもの頃から、自分でいろんなガラクタ（子どもにとっては宝物）を集めてきて、それを使って自分だけのデコレーションをした車のおもちゃをつくることに夢中になっていた。そして、今でも、時間があるなら、おもちゃをつくりたいと思っているとしましょう。もちろん、現実の仕事でそれをやるのではなく、その要素を自分の人生の中に取り入れてみるのです。

本業に支障のない範囲で、プライベートな時間や休日に、廃材を使った自動車のおもちゃをつくってSNSで発信してみてもいいかもしれません。そこで人気になればネットで販売したり、フリーマーケットで出店してみるという楽しみも広がります。

そうなればワクワクしている自分がベースになり、仕事でもいい影響が出てきます。やはり楽しそうにしている人に、人は惹かれるものです。自分がワクワクできるものは何か？　という問いも持たずに、現状の不満や愚痴を言っているだけの人には誰も近づきたくなりませんが、何かポジティブなオーラを持っている人には、みんなが集まってくるものです。

シンプルな答えを大切にする

こうした問いは、できるだけシンプルなものがいいと思います。

たとえば「どれだけお金を積まれても譲れないことは何か？」という問いです。逆に言えば、それをやってしまったら自分が苦しくなるようなことはやらないことです。

私の場合なら、どんな本を出すときも「人を大事にするという価値観」は絶対に譲れません。シンプルでわかりやすい内容であること、そして、本を通じて「読者の方をインスパイアする。元気にする。才能が開くヒントになる」本を書くことが、私にとって大切にしたいことです。そのために、どんなことを書こうか、夢中になって考え、執筆することが、私のワクワクする楽しいことなのです。このほうが儲かるからというやり方やノウハウがあっても、それが人を大事にしないものなら絶対に載せたくはありません。

そうやって、できるだけシンプルに「何があれば自分が楽しく生きられるのか？」という問いを持っていると、それだけで人生がよいものになります。

私の世界が開けた「問い」の瞬間

私はマッキンゼー時代から、ずっと瞑想を日常的にやっています。

どんなに忙しいときも、自分を見失わないために瞑想の時間はとても大切にしてきました。今ではＧｏｏｇｌｅをはじめ、世界的な企業の多くでマインドフルネスという呼び方で「瞑想が社員のストレスを軽減させ、集中力や能力を高める」として注目されています。

私が瞑想を体得させてもらった当時は、まだ今ほどのブームにはなっていなかったのですが、とにかく自分にプラスになるものは積極的に取り入れようと前のめりに瞑想を学んだのです。

あるとき、瞑想の師匠からトレーニングを受ける機会がありました。はじめてのことでもあり、緊張し、トレーニング中、きちんとしていなければならないと、焦りと不安から行動していました。

ところが私の瞑想の師匠は、そんな私を見てこんな問いを発しました。

「どんな想いからやっているのか？」

思わずハッとしたのを覚えています。そのあと続けて優しくこう言ったのです。

「不安から物事をはじめてはいけない。どんなに良いことでも不安や心配から焦ってやろうとすると、うまくいかないのです」


その通りだと思いました。そもそも何が動機になっているのか？　という問いはとても大切なのだと認識しました。不安や焦りが動機となって何かをはじめると、物事もうまくいかなかったり、問題が発生しやすかったりします。

一方、ワクワク感や楽しさが動機となってはじめると、スムーズに進んだり、活動そのものを楽しめるものです。コンサルティングやコーチングをしていても、動機が物事の結果に影響を与えると感じています。つまり、その動機がズレていれば、せっかく努力してもズレた結果が出てしまいます。

瞑想にしてもどんなことでも、無邪気に「これはいい」と思うからやるのが一番いいのです。

「やらないといけないから」「やりなさいと言われたから」ではじめたものは、何か途中でつまずいたときに、それ以上続ける力を失ってしまいます。

だからこそ、「やりたい」と思ったときは、そのバックグラウンドを問うことがとても重要です。

私の瞑想の師匠が最初に、「どんな想いからやっているのか?」と、私のバックグラウンドを問うてくださったおかげで、そもそも何が動機になっているのか? という問いの大切さに気づかされ、その後の人生に大きなプラスをもたらしてくれたのです。

第5章のPoint

人生の質を高めるために

- **問いで「新しい思考」に出会える**

「〜と言えば?」の問い

- **五感で感じる「おや?」を大事に問いを広げる**

- **自分の軸を持つために**

「自分が大事にしたいものは何か?」

- **振り返りの問いをする**

「自分がどう変わったか?」

「どんな価値が身についたか?」

- **自分を取り戻す**

「目の前のことをワクワクするものにできないか?」

「どれだけお金を積まれても譲れないことは何か?」

- **不安から物事をはじめない**

「どんな想いからやっているのか?」

付録

ケース別 質問リスト

「問い」の筋力を鍛えるには、頭の中に良い「問い」のデータベースをつくることが大事です。仕事で使える質問をケースごとに分けてご紹介します。

基本の「問い」

・根本の問題を問う

「そもそも、なぜこういうことが起こっているのか？」
「今一番気になっていることは何か？」
「どこに問題があるのか？」（Ｗｈｅｒｅ）
「なぜ、そうなっているのか？」（Ｗｈｙ）
「どうするのがいいか？」（Ｈｏｗ）

・未来志向の問い

「どんな未来を達成したいか？」

「そうなるために、今何をしたらいいのか？」

「変化を起こすことを止めているのは何か？」

・枠を外して可能性を広げる

「本当に大事なことは？」

「本当にそうなの？」

「これもありなのでは？」

「何でもできるとしたら、何をしたいか？」

・インスパイアする

「あなたにとって本当に大事なことは何か？」

「いつもどんな気分で仕事に向かっているの？」

「何でもできるなら何をする？」

「ワクワクすることは何か？」

問題解決のための「問い」

「〜すべきか？」

「そもそも、今、直面している真の問題は何か？」

「重要な課題は何か？」

「それは本当に重要な課題なのか？」

「そもそも彼らは何を求めているのか？」

・正しく物事を進める
「本当はどうしたいのか？」

「それが本当に大事なのかな？」

・うまくいかないとき
「何がうまくいかせていないのか？」

「いつからうまくいかなくなったのか？」

「なぜうまくいかないのか？」

「そもそも自分たちはどうしたいのか？」

「そもそも、なぜそうなるのか？」

「この危機で私たちはどう変わるか？」

「これをどうしたらチャンスにできるか？」

・環境を変える

「どうしたら、この状況から前に進めるか？」

「これにどんな意味があるか？」

発想を生み出す「問い」

「ターゲットは、何にお金を使うのか？」

「そもそも彼らは何を求めているのか？」

「求められている本当の価値は何か？」

「●●で◎◎はできないか」（つなげる問い）

「本当にそうなのか？」

「ＰａｉｎかＧａｉｎか」

「どこでそれをするのか？」

「（プラスの価値について）○○とは、そもそもどういうことか？」


コミュニケーションを円滑にする「問い」


「この人がそんなことを言う背景には何があるのだろうか？」

「この場で何が起こっているのだろう？」

仕事の質を上げる「問い」

「本当にこれでいいのだろうか？」

「もっとこんなこともできるのでは？」

「今、この仕事を最大化するためには何をすればいいか？」

・**仕事の振り返り**

「うまくいったのはなぜだろう？」

「（うまくいったのなら）それを今後どのように生かせばいいだろう？」

「結果を出せない理由は何だろう？」

「自分がどう変わったか？」

「どんな知恵・スキルが身についたか？」

ムダをなくして時短を生み出す「問い」

「今すぐやらなければならないことは何か？」

「今、あなたが集中すべきことは何か？」

「本当に必要な仕事は何か？」

「それは本当に重要なことなのか？」

「それをやらないと、本当に問題になるのか？」

「相手は何が一番聞きたいか？」

・情報に振り回されないために

「本当にそうなの？」

「この人が話している前提は何だろう？」

人を動かす「問い」

・相手の意図を知る

「いつまでに必要なのか？」（Ｗｈｅｎ）
「使われる場所は？」（Ｗｈｅｒｅ）
「相手はどうなりたいと思っているのか？」（Ｗｈｏ）
「外してはいけない大事なポイントは何？」（Ｗｈａｔ）

「この仕事のゴールは何だろう?」（Ｗｈｙ）
「どんなふうに使われるの?」（Ｈｏｗ）
「本当は、どうか?」（枠を外す質問）

・相手を動かす

「そのやり方をしたのはなぜ?」

「それは本当に大事なことか?」

「現状をどう思っている?」

「何が結果を出すことを止めてしまったのだろう?」

「やりたくならないのは何でだろう?」

相手の発想を変える「問い」

「今、何にもやもやしていますか?」

「何が一番気になっていますか?」

「何に今、時間をたくさん使っていますか？」

「あなたはどうしたいですか？」

「一番大事にしたいことは何ですか？」

「理想は何ですか？」

「それは本当に大事なことですか？」

「なぜ、大事だと思うのですか？」

「大事にすることで何が生まれますか？」

「やらなくてもいいものは何ですか？」

・言いづらいことをお願いする

「こういうことも可能ですか？」

「こういう条件ならどうですか？」

「こちらとこちら、どちらがよいですか？」

・相手のインセンティブを知る

「最近、何に一番関心がありますか？」

「最近、心が動かされたことは何ですか？」

チーム力を上げる「問い」

「今、何を思っていますか？」

「何が嫌になっていますか？」

「自分たちは、そもそも何をアウトプットしたのか？」

「そもそも、みんなでどうしたいのか？」

「何のためにやっているのか？」

「メンバーの良さってどういうところにあるか？」

「それぞれのメンバーの良さが融合したチームの良さは何か？」

「みんなの強みや、大事にしていることは何か？」

「チームみんなの力をどう使うのがいいだろうか？」

・チームが衝突したとき

「今、何が起きている？」

「今のチームの雰囲気をどう思う？」

・ブレスト・会議

「それは本当に大事なのか？」（拙速に物事が動きそうなとき）

「今、何を考えていますか？」（会議が硬直したとき）

「今、何が起きていますか？」（会議が硬直したとき）

「今一番気になってることは何ですか？」（会議が硬直したとき）

「何を大事にしたいですか？」（会議が硬直したとき）

「今、みんなは何を感じてる？」（ぎこちないとき）

「そもそも…どうか？」（発想を変える）

人生の質を上げる「問い」

「自分が大事にすべきことは？」

「もし今日が人生最後の日だとしても、それをやるだろうか？」

「自分が本当にやりたいことは何か？」

「自分が喜ぶことは何だろう？」

「自分がお金を積まれてもやらないことは何か？」

「目の前のことをワクワクするものにできないか？」

「何があれば自分が楽しく生きられるのか？」

「本当にそれしかないの？」

「どんな想いからやっているのか？」

「あなたが選びたいのは、どんな未来ですか？」

悩みをなくしてすっきりする「問い」

「何を大変と感じているのだろう？」

「何でうまくいっていないと思っているのだろう？」

「それは本当に大事なものだろうか？」

・否定されたとき

「これがチャンスだとしたら、どんなチャンスだろうか？」

「あのようなことを言った前提には何があるのだろうか？」

◉おわりに

世の中はすべて「問い」でできている

今の私たちの暮らしやしあわせがあるのは、先人たちが様々な「問い」をしてきたおかげだと思います。

衣食住はもちろん、科学技術や医療、哲学、文化芸術など、どのような進歩も、「○○ができるようになるためにはどうしたらいいのか?」「もっと改善できないか?」「どうしたら幸福になれるか?」「何が幸福なのだろうか?」「生きるとはどのようなことか?」という「問い」がなければ生まれてこなかったものです。

すべては「問い」からはじまっている、というのは、当たり前すぎて見過ごされがちですが、真実だと思います。

それらの未来を拓いてきた問いに共通するものは何か?

それは「本質に迫る」問いではないでしょうか。

本質に迫る問いは、あるときには向き合うのが難しく、あるときには目からうろこが落ちるようにハッとさせられます。

本書の冒頭でも提示した「今、本当に大事なことは何ですか？」というような問いは、正解のないものだけに「問う」のが難しいものです。しかし、今の時代ほど、そうした本質に迫る問いが大事な時代はないと思います。

なぜなら、これまで私たちが生きてきて経験してきたほとんどのモデルが、今大きくかたちを変えようとしているからです。あるものは崩壊していると言ってもいいぐらいかもしれません。コロナによるパンデミックの拡大が、これをさらに推し進めています。

これまでは社会の仕組みにしても経済システムにしても、とりあえずそこに乗っかれるように努力して学んでいけば、そこから先は本質を問うことまではしなくても済みました。それぞれのモデルや仕組みの中で「いかに早くやるか？」「もっと効率よくやるには？」という小さな問いを立てることはあっても、根本から変えたほうがいいのでは？　という問いは、多くの人はしなくてもよかったわけです。

しかし、もうおわかりのように、今は「このままで大丈夫」と言えるものはほとんど見当たりません。

今は「問いの大変革期」なのかもしれない。私はそう思っています。つまり、問いの質そのものが、より本質的なものへと変わってきているのではないかということです。

これまで当たり前のようにあった業種や業態、仕事がなくなるかもしれない。様々な垣根がなくなり、さらに世界はフラットになっていく。誰もがオープンに情報にアクセスしやすくなり、国境も老若男女も関係なく、同じテーマを共有できる。

そんな時代だからこそ、オープンで本質的な「問い」が大事になります。

今はまだ旧来のシステムで生きる人と、自分の問いを持って生きる人がせめぎ合っているように思います。

しかし今後は、何かに乗っかって流されて生きていくのではなく、きちんと自分にとって大事なことは何か？　という問いを持ちながら生きる。それができる人とできない人では、この先10年、20年で相当大きな差がついてきます。

本書の締めくくりとして、私からあなたに最後の問いを。

あなたが選びたい未来は、どんな未来ですか？
そのために今、何をしたいですか？

大嶋祥誉

参考文献

『質問する力』（大前研一著　文藝春秋）
『ジェフ・ベゾス　果てなき野望』（ブラッド・ストーン著　滑川海彦解説　井口耕二訳　日経ＢＰ社）
「ポカリスエット誕生秘話」（「オオツカプラスワン」http://www.otsuka-plus1.com/shop/pages/story_pocarisweat01.aspx）
「BRANDE NOTE　世界の Kitchen から」（http://hokuohkurashi.com/note/102551「北欧、暮らしの道具店」Ⓡ）
「『い・ろ・は・す』を20億本売った〝女マネ〟」（東洋経済オンライン　http://toyokeizai.net/articles/-/12811）
『嫌われる勇気』（岸見一郎　古賀史健著　ダイヤモンド社）
『あなたの「最高」をひきだす方法』（アンソニー・ロビンズ著　堤江実訳　ＰＨＰ研究所）
『経営者に贈る5つの質問』（Ｐ・Ｆ・ドラッカー著　上田惇生訳　ダイヤモンド社）
『目に見えない資本主義』（田坂広志著　東洋経済新報社）
『ダボス会議に見る 世界のトップリーダーの話術』（田坂広志著　東洋経済新報社）
『完訳7つの習慣』（スティーヴン・R・コヴィー著　フランクリン・コヴィー・ジャパン訳　キングベアー出版）

本書は、ＳＢクリエイティブから刊行された単行本『すべての仕事は「問い」からはじまる』を、文庫収録にあたり、改題のうえ加筆・改筆したものです。

大嶋祥誉（おおしま・さちよ）
エグゼクティブコーチ／作家／TM瞑想教師、センジュヒューマンデザインワークス代表取締役。米国デューク大学MBA取得。シカゴ大学大学院修了。マッキンゼー・アンド・カンパニー、ワトソンワイアットなどの外資系コンサルティング会社を経て独立。現在、経営者やビジネスリーダーを対象にエグゼクティブコーチング、ビジネススキル研修のほか、人材開発コンサルティングを行う。また、TM瞑想や生産性を上げる効果的な休息法なども指導。著書に『マッキンゼーで叩き込まれた　超速フレームワーク』（三笠書房）、『マッキンゼーのエリートが大切にしている39の仕事の習慣』『マッキンゼーで学んだ「段取り」の技法』（ともに、三笠書房《知的生きかた文庫》）、『マッキンゼー流　入社1年目問題解決の教科書』（SBクリエイティブ）など多数。自分らしい働き方を探究するオンラインコミュニティ『ギフト』主宰。
◎大嶋祥誉公式 Facebook
https://www.facebook.com/sachiyo.oshima.official/
◎オンラインコミュニティ『ギフト』公式ページ
https://oshimasachiyo.jp

知的生きかた文庫

マッキンゼーで叩《たた》き込《こ》まれた
「問《と》い」の力《ちから》

著　者　大嶋祥誉《おおしまさちよ》
発行者　押鐘太陽
発行所　株式会社三笠書房
〒一〇二―〇〇七二　東京都千代田区飯田橋三―三―一
電話〇三―五二二六―五七三四〈営業部〉
〇三―五二二六―五七三一〈編集部〉
https://www.mikasashobo.co.jp
印刷　誠宏印刷
製本　若林製本工場

ISBN978-4-8379-8741-3 C0130

知的生きかた文庫

大嶋祥誉の本

マッキンゼーのエリートが大切にしている39の仕事の習慣

世界最強のコンサルティングファームで実践する働き方の基本を厳選紹介!
◎つねに「ゼロ発想」をする
◎「バリュー」にこだわる
◎「事実」をベースに「仮説」を伝える
◎自分の主張は「質問」に込める　…etc.
オンライン会議のあり方など、テレワークにも対応!!

マッキンゼーで学んだ「段取り」の技法

入社3カ月で叩き込まれる基本スキル!
「ミニマム思考」で仕事の「質×スピード」が上がる!!
◎全体設計を「1枚の紙」にまとめる
◎「セクシー」な切り口を見つける
◎作業の見積もり時間は「2倍」で設定する
◎アウトプットは「3」でまとめる　…etc.
「段取り上手」は、仕事も人生も豊かになる!

単行本 マッキンゼーで叩き込まれた超速フレームワーク

使い込むほどに思考力と行動力が磨かれる!
本当に使える20の鉄板フレームワーク!!
◎トラブルを未然に防ぐ「空・雨・傘」
◎大きな問題を小さな要素に分解する「ロジックツリー」
◎市場&競合を知り、自社の戦略を導く「3C分析」
◎バリューを生み出す「ビジネスシステム」　…etc.
「枠」にはめれば、仕事力は劇的にアップする!

C30131